Ary dos Santos Rocha Júnior

SQL Passo a Passo
Utilizando PostgreSQL

EDITORA CIÊNCIA MODERNA

SQL Passo a Passo - Utilizando PostgreSQL
Copyright© Editora Ciência Moderna Ltda., 2014

Editor: Paulo André P. Marques
Produção Editorial: Aline Vieira Marques
Assistente Editorial: Amanda Lima da Costa
Capa: Daniel Jara
Diagramação: Daniel Jara

FICHA CATALOGRÁFICA

ROCHA JÚNIOR, Ary dos Santos.

SQL Passo a Passo - Utilizando PostgreSQL

Rio de Janeiro: Editora Ciência Moderna Ltda., 2014.

1. Programação de Computador – Programas e Dados 2. Ciência da Computação
I — Título

ISBN: 978-85-399-0496-9

CDD 005
004

Editora Ciência Moderna Ltda.
R. Alice Figueiredo, 46 – Riachuelo
Rio de Janeiro, RJ – Brasil   CEP: 20.950-150
Tel: (21) 2201-6662/ Fax: (21) 2201-6896
E-MAIL: LCM@LCM.COM.BR
WWW.LCM.COM.BR

Agradeço aos amigos e profissionais Gil Victor Teixeira Pinto, Leonardo Caixeta Mártir, Marcos Caixeta Sousa, Maria Tereza Miranda Borges e Ualmer Vieira Batista, que contribuíram para a conclusão deste trabalho.

Para Ana Clara, Heitor e Tatiana, que me proporcionam maravilhosos momentos em minha vida.

 Prefácio

Falar de bancos de dados e da linguagem SQL (Structured Query Language) hoje em dia é praticamente a mesma coisa que falar de panelas e temperos para uma cozinheira. Qualquer cozinheira sabe lidar com bastante tranquilidade com estes utensílios. Assim como qualquer profissional relacionado com a área de tecnologia da informação necessita ter pelo menos o mínimo de conhecimento relacionado a bancos de dados e SQL.

Antigamente, esta tarefa poderia até ser designada apenas a administradores de bancos de dados. Porém, atualmente não. Desenvolvedores de aplicações, analistas de sistemas, dentre outras funções relacionadas à tecnologia da informação necessitam conhecer tais conceitos.

Obviamente, que se você deseja ser um DBA (database administrator), administrador de bancos de dados, você deve se aprofundar muito nos conceitos relacionados a bancos de dados e também na linguagem de consultas a bancos de dados SQL.

Porém, o propósito deste livro é introduzir os conceitos e comandos básicos de SQL, para que seja dada uma base sólida ao leitor para o desenvolvimento de aplicações de forma bastante tranquila, assim como para o desenvolvimento de relatórios e pesquisas diretamente nos bancos de dados das organizações. Além disso, esta base sólida será importante para que os conhecimentos profundos de bancos de dados e SQL sejam mais facilmente absorvidos por você, caso deseje ser um DBA no futuro.

Este livro foi escrito de forma bastante linear para que os conceitos sejam introduzidos gradativamente para facilitar toda a sua compreensão e para que você possa praticar durante a leitura. A simplicidade das informações apresentadas fará com que você perceba que a linguagem SQL não é nenhum "bicho de sete cabeças", ou seja, que ela é bastante simples de ser utilizada.

Desta forma, espero que você tenha uma boa leitura, uma boa prática e que você possa, ao final do livro, ter aprendido todos os conceitos aqui envolvidos e que eles sejam úteis para você em sua trajetória profissional.

O Autor

Como Utilizar Este Livro

Este livro é dividido em uma parte teórica e uma grande parte prática. Para a parte prática, recomendamos que durante a leitura, você pratique todas as atividades propostas durante o texto.

No início de cada capítulo, apresentamos o seu objetivo para que você possa se orientar melhor com o resultado esperado do referido capítulo.

Ao final de cada capítulo, você terá uma lista de exercícios propostos para praticar mais os conceitos e comandos descritos no decorrer do livro.

É importante que você utilize um sistema gerenciador de banco de dados para praticar os conceitos. No livro, utilizamos o PostgreSQL para tal. Caso deseje, você pode fazer o download em http://www.postgresql.org. br. Neste site, você também terá acesso a diversas outras informações importantes, inclusive a manuais do sistema gerenciador de bancos de dados. No Anexo I, apresentaremos informações a respeito da instalação e configuração deste sistema gerenciador de bancos de dados.

Além disso, ao longo deste livro, apresentamos diversos modelos de dados. Para eles, utilizamos a ferramenta DBDesigner, também gratuita e com excelente produtividade e de fácil utilização. Você pode fazer download desta ferramenta em http://www.fabforce.net/dbdesigner4/. Neste site, você também terá acesso a manuais e outras informações relevantes a esta ferramenta. No Anexo II, apresentaremos informações a respeito da instalação e configuração.

Neste livro, apresentamos diversos comandos SQL. É importante que cada um destes comandos sejam executados durante a leitura do livro. Isto facilitará muito a compreensão e fixação dos conceitos.

Todos os comandos apresentados fazem referência a algumas figuras existentes no livro, que, em sua maioria, referem-se a modelos de dados. Por isto, as figuras são apresentadas e os comandos (scripts) são relacionados a ela.

Logo, executando os comandos apresentados, durante a leitura e posteriormente resolvendo os exercícios propostos, você estará apto a utilizar os comandos SQL padrão de mercado.

Ao final do livro, as respostas dos exercícios propostos são apresentadas para que você possa efetuar a correção dos exercícios resolvidos por você durante cada capítulo.

 Introdução

Atualmente, o volume de dados armazenado nos sistemas de bancos de dados das mais diversas organizações está crescendo de forma bastante acelerada. E, para que isto ocorra, é necessário que os Sistemas Gerenciadores de Bancos de Dados (SGBD) forneçam opções para que o armazenamento de dados e posteriormente a recuperação de informações ocorra da melhor forma possível.

Desta forma, a linguagem de consulta estruturada (SQL – Structured Query Language) provê estas tarefas, conforme explicaremos no decorrer deste livro, que será dividido em duas partes para que englobe as principais características da referida linguagem.

A primeira parte compreende os capítulos 1 e 2, abordamos conceitos de bancos de dados e projetos de bancos de dados que serão úteis para posterior compreensão dos conceitos da linguagem SQL.

A segunda parte compreende todos os outros capítulos, que estão diretamente relacionados à linguagem SQL, que é ponto central deste livro.

Assim, espera-se, com este livro, que o leitor consiga criar estruturas de armazenamento e manipular dados para a geração de informações, que são de grande importância para as organizações de uma forma geral.

Iremos utilizar o SGBD PostgreSQL para aplicarmos os conceitos citados neste livro. Optamos por este SGBD, primeiramente, por ser um software gratuito e bastante fácil de ser instalado e utilizado, o que facilita o propósito deste livro, mas sem perder a robustez necessária para armazenamento de grandes volumes de dados. Todos os comandos da linguagem SQL apresentados neste livro fazem parte da linguagem SQL padrão e poderão ser reproduzidos em qualquer outro sistema gerenciador de banco de dados de sua preferência.

Assim, espero que você tenha uma boa leitura e que pratique os comandos da linguagem SQL simultaneamente à leitura do livro para melhor compreensão de todos os pontos apresentados.

Sumario

Lista de Script

Lista de Tabelas

Lista de Figuras

Capítulo 1

Conceitos Básicos de Bancos de Dados

1. Objetivos do Capítulo

Neste capítulo, o objetivo principal é a apresentação de conceitos básicos de bancos de dados. Ou seja, criar uma pequena base de conhecimento para que os próximos capítulos sejam absorvidos com maior facilidade. Assim, ao final deste, espero que você esteja familiarizado com os conceitos de bancos de dados, entre eles, dado, informação, conhecimento, sistemas gerenciadores de bancos de dados, sistemas de bancos de dados, tipos de dados, tabelas e SQL(*Structured Query Language*).

2. Conceitos Básicos

Neste tópico, iremos abordar os conhecimentos básicos relacionados a bancos de dados necessários para uma boa compreensão do escopo deste livro, que é a linguagem SQL.

2.1. Dado, Informação e Conhecimento

Neste subtópico, iremos conceituar e contextualizar dado, informação e conhecimento.

2.1.1. Dado

Dado é qualquer elemento identificado em sua forma bruta que, por si só, não traduz nenhum fato ou situação.

O Dicionário Aurélio da Língua Portuguesa conceitua um dado em informática como o significado de um elemento de informação ou representação de fatos ou de instruções, em forma apropriada para armazenamento, processamento ou transmissão por meios automáticos.

Outra definição de dado feita por alguns outros autores diz que dados são fatos que não têm significado próprio, formam um conjunto discreto, objetivo de fatos sobre determinados eventos. Não dizem nada sobre sua própria importância ou irrelevância, mas constituem um material importante para a criação de Informação.

Desta forma, absorvendo as definições anteriores, podemos definir dado como uma representação simbólica de forma bruta que representa um fato, mas que isoladamente não tem significado para os usuários. Assim, um texto é um dado, uma foto é um dado, um número é um dado. Sozinhos, eles não têm significado algum, mas são bases para a geração de informações.

2.1.2. Informação

Informação é o dado trabalhado que permite ao usuário efetuar as mais diversas análises.

Outros autores dizem que informação é o dado configurado de forma adequada ao entendimento e à utilização pelo ser humano. Informação é o resultado dos dados devidamente tratados, comparados, classificados, relacionáveis entre outros dados servindo para tomada de decisões.

O Dicionário Aurélio da Língua Portuguesa conceitua informação como uma palavra originada do latim *informatio onis*, ("delinear, conceber ideia"), ou seja, dar forma ou moldar na mente, como em educação, instrução ou treinamento. É uma coleção de fatos ou de outros dados fornecidos a uma máquina, a fim de se objetivar um processamento. Segundo a teoria da informação, medida da redução da incerteza, sobre um determinado estado de coisas, por intermédio de uma mensagem.

Desta forma, podemos conceituar com base nas definições anteriores, que informação é o dado trabalhado que permite aos usuários compreenderem determinados fatos ou situações.

Por exemplo, vamos supor que tenhamos um conjunto de dados, onde estão armazenados os nomes de pessoas e também os salários destas pessoas. Isoladamente, cada nome ou cada valor, não têm significado algum. Mas, se unirmos os dois dados, teremos a informação dos nomes das pessoas e os salários que elas possuem.

2.1.3. Conhecimento

Conhecimento pode ser compreendido como um conjunto organizado de informações que o ser humano compreendeu a respeito de um fato. Por exemplo, sabendo da informação dos nomes das pessoas e dos salários, pode-se ter o conhecimento do valor resultante destas informações, como também o conhecimento do valor do salário de todas as pessoas da empresa.

De outra maneira, podemos contextualizar conhecimento quando o ser humano pode efetuar associações de informações baseadas na sua vivência e capacidade de absorção destas informações.

2.2. O que é um Banco de Dados?

Segundo Korth, um banco de dados "é uma coleção de dados inter-relacionados, representando informações sobre um domínio específico". Em outras palavras, um banco de dados é uma coleção de dados que tratam do mesmo assunto, que armazenados conjuntamente, tenha algum sentido específico. Os bancos de dados devem estar disponíveis para a recuperação dos dados ali armazenados, gerando informações aos usuários.

Por exemplo, podemos ter bancos de dados para armazenar dados de um sistema financeiro, de compras, vendas, ordens de serviços. Assim, estes bancos de dados seriam a base para que as aplicações desenvolvidas se conectem a eles para que os dados possam ser manipulados.

Porém, de forma bastante simples, podemos definir um banco de dados como uma coleção de dados organizados e armazenados de forma que se possa extrair informações relevantes aos usuários.

2.3. Sistemas Gerenciadores de Bancos de Dados

Um sistema gerenciador de banco de dados (SGBD) é um software construído para armazenar, definir, construir e manipular dados, fornecendo interface entre os dados armazenados fisicamente e os seus usuários.

É este sistema (SGBD) que fornece o conjunto de serviços necessários para acesso aos dados. E para este acesso aos dados, é necessário que exista uma linguagem que permita ao usuário que este acesso ocorra. É neste ponto que a linguagem SQL é utilizada, ou seja, com a linguagem SQL, um usuário, através de um SGBD pode criar e manipular bancos de dados, armazenar, alterar, remover e consultar dados armazenados.

Obviamente, estamos falando de SGBDs relacionais, pois sabemos que existem outros tipos de sistemas de bancos de dados, como, por exemplo, sistemas baseados em arquivos, em que não é necessário a utilização da linguagem SQL para se consultar os dados.

Existem vários SGBDs no mercado, como, por exemplo: PostgreSQL, Oracle, SQL Server, Firebird, MySQL, dentre vários outros.

Os principais objetivos de um SGBD são:

- Promover interação com os dados e entre os dados;
- Gerenciar os dados armazenados;
- Manter a integridade dos dados;
- Garantir a segurança dos dados;
- Dar opções de realizações de *backup* e *recovery* dos dados;
- Gerenciar a concorrência aos dados.

Assim, o conceito de SGBD pode ser resumido como um software que permite um conjunto lógico e organizado de dados estruturados armazenados, fornecendo opções de acesso pelas aplicações inerentes aos negócios da empresa, fornecendo opções para gerenciamento destes dados, que são mantidos de forma íntegra, segura e que se possam realizar cópias de segurança e recuperação, assim como gerenciar a concorrência aos dados.

2.4. Tipos de Dados

Existem diversos tipos de dados definidos na linguagem SQL. Porém, cada SGBD pode ter suas variações dos tipos padrões. Isto porque cada SGBD pode estender o padrão da linguagem SQL, ou seja, cada fabricante pode definir mais tipos de dados do que os existentes na linguagem padrão.

Porém, podemos definir como tipo de dados, o domínio ao qual um determinado dado pode ser armazenado como por exemplo: números inteiros é um tipo de dados, um conjunto de caracteres é outro tipo de dados, imagem é outro tipo de dado, assim como data é outro tipo de dado.

Iremos apresentar os vários tipos de dados existentes no SGBD PostgreSQL, que utilizaremos como SGBD exemplo no decorrer deste livro, principalmente os numéricos, monetários, caracteres, datas e booleanos.

Na tabela 1, apresentamos os tipos de dados numéricos suportados. Caso você utilize outro SGBD, consulte o seu manual de referência.

Nome	Tamanho de Armazenamento	Descrição	Faixa de Valores
Smallint	2 bytes	Inteiro com pequena faixa de valor	-32768 a +32767
integer	4 bytes	Inteiro típico	-2147483648 a +2147483647
bigint	8 bytes	Inteiro com grande faixa de valores	-9223372036854775808 a 9223372036854775807
decimal	variável	Número com precisão exata definido pelo usuário	Mais de 131072 dígitos antes da casa decimal; Mais de 16383 dígitos após a casa decimal;
numeric	Variável	Número com precisão exata definido pelo usuário	Mais de 131072 dígitos antes da casa decimal; Mais de 16383 dígitos após a casa decimal;
real	4 bytes	Número real com precisão inexata	6 dígitos decimais de precisão
smallserial	2 bytes	Inteiro pequeno de autoincremento	1 a 32767
serial	4 bytes	Inteiro de autoincremento	1 a 2147483647
bigserial	8 bytes	Inteiro grande de autoincremento	1 a 9223372036854775807

Tabela 1 - Tipos de Dados Numéricos do PostgreSQL

Na tabela 2, apresentamos o tipo de dados monetário que é suportado pelo Postgresql. Caso você utilize outro SGBD, consulte o seu manual de referência

Nome	Tamanho de Armazenamento	Descrição	Faixa de Valores
money	8 bytes	Valores monetários	-9223372036854775808.08 a+9223372036854775807.07

Tabela 2 - Tipo de Dados Monetário do PostgreSQL

Na tabela 3, apresentamos os tipos de dados baseados em caracteres que são suportados pelo Postgresql.

Nome	Descrição
character varying(n), varchar(n)	Caracter com comprimento limitado
character(n), char(n)	Caracter com comprimento limitado
Text	Texto de comprimento variável não limitado

Tabela 3 - Tipos de Dados de Caracteres do PostgreSQL

Na tabela 4, apresentamos os tipos de dados de datas que são suportados pelo Postgresql.

Nome	Tamanho de armazenamento	Descrição	Menor Valor	Maior Valor
timestamp [(p)]	8 bytes	Date e horário	4713 BC	294276 AD
date	4 bytes	Data	4713 BC	5874897 AD
time [(p)]	8 bytes	Horário	00:00:00	24:00:00
interval [campos] [(p)]	12 bytes	intervalo de datas	-178000000 anos	178000000 anos

Tabela 4 - Tipos de dados de Datas no PostgreSQL

Na tabela 5, apresentamos o tipo de dados booleano que é suportado pelo Postgresql.

Nome	Tamanho de Armazenamento	Descrição
Boolean	1 byte	True ou false

Tabela 5 - Tipo de dado booleano

2.5. Tabelas

Em bancos de dados relacionais, os dados ficam armazenados em tabelas. As tabelas possuem linhas e colunas, onde cada linha representa o registro dos dados armazenados e cada coluna está associada ao tipo de dado, fazendo com que somente dados que sejam do tipo adequado possam ser armazenados na referida coluna.

Para ficar mais próximo da realidade, podemos fazer uma alusão a uma tabela criada no Excel, por exemplo.

Na tabela 6, apresentamos uma tabela que armazena alguns dados de pessoas. Cada coluna, também pode ser chamada de atributo e cada linha também pode ser chamada de registro ou tupla. Perceba que cada atributo possui um tipo de dados, ou seja, pode apenas armazenar dados de acordo com o tipo que foi definido.

Assim, na tabela 6, temos os atributos CPF, Nome, Endereco, Telefone, RG e Data_Cadastro. Possuímos 3 registros armazenados de três pessoas com nomes Ary, Ana e Tatiana.

CPF	Nome	Endereco	Telefone	RG	Data_Cadastro
111.111.111-11	Ary	Rua x	(34) 1111-1111	1.111.111	28/01/2013
222.222.222-11	Ana	Rua y	(43) 2222-2222	2.222.222	01/04/2009
333.333.333-33	Tatiana	Rua z	(33) 3333-3333	3.333.333	16/10/2004

Tabela 6 - Tabela com dados cadastrais de pessoas

Assim, nos bancos de dados relacionais, como o próprio nome já nos remete, as tabelas são relacionadas entre si, que isoladamente armazenam os dados de um determinado escopo e juntas podem dar significado a um determinado domínio de conhecimento, gerando informações aos usuários, conforme vimos nos conceitos de dado, informação e conhecimento.

2.6. SQL

Até a década de 70, quando um fabricante de bancos de dados criava um novo produto, também criava uma linguagem para criar estruturas e manipular os dados armazenados no produto em questão. Mas, com a publicação por E. F. Codd, no *ACM Journal (Association of Cumputer Machinery Journal)*, de um artigo intitulado *"A Relational Modelo f Data for Large Shared Data Banks"*. O modelo proposto por Codd é hoje considerado o fundamento para qualquer Sistema de Gerência de Bancos de Dados Relacional.

A IBM desenvolveu a SQL, originalmente chamada de SEQUEL, acrônimo de (*Structured English Query Language* - linguagem inglesa de consulta estruturada), como parte integrante do Sistema R, no início dos anos 70 que tinha como objetivo implementar o modelo proposto por Codd. Esta linguagem sofreu evoluções e, posteriormente, teve seu nome alterado para SQL.

Então, em 1986, o *American National Standard Institute* (ANSI), publicou a SQL como linguagem padrão para os bancos de dados relacionais, chamando-o de SQL-86. Assim, a partir desta data, os sistemas gerenciadores de bancos de dados relacionais passaram a adotar a SQL como linguagem padrão.

Após a criação da primeira versão padrão, várias versões foram sendo criadas com extensões da versão anterior, incluindo novas funcionalidades e recursos para melhorar a linguagem e fornecer mais recursos para os seus usuários.

A maioria dos sistemas gerenciadores de bancos de dados relacionais implementa o padrão SQL. Entretanto, além do padrão SQL, cada fabricante de SGBD pode acrescentar funcionalidades exclusivas ao produto que fabrica. Isto ocorre frequentemente, principalmente com alguns dos principais fabricantes, como Microsoft (SQL Server), Oracle e IBM (DB2). Mas, neste livro iremos abordar apenas questões relacionadas ao SQL padrão.

Desta forma, os desenvolvedores devem ficar atentos à necessidade de utilizar recursos "proprietários" do SGBD, principalmente se as aplicações utilizarem mais de um SGBD, ou se existe a possibilidade de substituição, para evitar necessidade de se reescrever código ou de gerar falhas nas aplicações.

Com a linguagem SQL é possível, dentre várias outras coisas:

* Criar, alterar e remover todos os elementos de um banco de dados;
* Inserir, alterar, consultar e remover dados de um banco de dados;

- Controlar acesso ao banco de dados, ou seja, determinar quais usuários podem acessar e as operações que cada um destes usuários podem executar.

A SQL padrão é dividida em três sublinguagens, que são:

- **DDL (*Data Definition Language*)**: esta sublinguagem é responsável pelo subconjunto da linguagem SQL responsável pelas definições em toda a estrutura de armazenamento, tais como criação do banco de dados, criação de tabelas, dentre outras, que iremos conceituar no decorrer deste livro.

- **DML (*Data Manipulation Language*)**: esta sublinguagem é responsável pelo subconjunto da linguagem SQL responsável pelas manipulações de dados que ocorrem em qualquer transação, tais como inserções, alterações, consultas e exclusões de dados.

- **DCL (*Data Control Language*)**: esta sublinguagem é responsável pelo subconjunto da linguagem SQL responsável pelo controle de usuários, envolvendo permissões de acesso, dentre outras.

a. DDL

Conforme citado anteriormente, a DDL apresenta uma série de comandos que permitem a definição dos dados. Dentre os principais comandos, podemos destacar o CREATE, que é destinado à criação do Banco de Dados e das Tabelas que o compõe, além das relações existentes entre as tabelas. Outros exemplos de comandos DDL que podemos citar neste momento são: ALTER e DROP, que são respectivamente para alterar uma estrutura e para remover uma estrutura e que iremos detalhar no decorrer deste livro.

b. DML

A DML apresenta uma série de comandos destinados à manipulação de dados, tais como: consultas, inserções, exclusões e alterações, para um ou mais registros de uma ou mais tabelas de maneira simultânea. Dentre alguns exemplos de comandos DML, destacam-se: SELECT, INSERT, UPDATE e DELETE, que são utilizados respectivamente para consulta, inserção, alteração e exclusão de dados e que iremos detalhar nos capítulos seguintes.

c. DCL

A DCL apresenta uma série de comandos para controlar o acesso aos dados, usuários e grupos. Dentre alguns exemplos de comandos DCL, destaca-se o comando GRANT, que concede privilégios a determinados usuários ou grupos. Entretanto, neste livro não iremos abordar os comandos da DCL, pois nosso objetivo é introduzir os conceitos mais simples da linguagem SQL dando bagagem para que você leitor possa se aprofundar nos demais conceitos no momento que melhor lhe convier.

3. Conclusão

Neste capítulo, apresentamos diversos conceitos que serão úteis no decorrer deste livro. Falamos sobre dado, informação e conhecimento. Falamos de bancos de dados e sistemas gerenciadores de bancos de dados, assim como tipos de dados, tabelas e da linguagem SQL.

Sabemos que o objetivo deste livro é apresentar os comandos básicos mais utilizados da linguagem SQL. Para isto, utilizaremos os conceitos previamente apresentados e para realmente conseguirmos aprender e praticar a linguagem SQL. No próximo capítulo, abordaremos os conceitos relacionados a projetos de bancos de dados. Tendo um bom projeto de banco de dados, conseguiremos manipular os dados da melhor forma que nos convier, dependendo dos nossos objetivos. Logo, o próximo capítulo também é de grande importância para a continuidade deste livro.

4. Exercícios Propostos

Abaixo, seguem alguns exercícios propostos para fixação do conhecimento apresentado neste capítulo. No final deste livro, você terá as respostas destes exercícios para comparar com as suas e efetuar as devidas correções e/ou validações de suas respostas.

1. Diferencie dado, informação e conhecimento.
2. Defina um banco de dados.
3. Qual a importância de um sistema gerenciador de bancos de dados.
4. Para que servem os tipos de dados?
5. Qual é o principal objetivo de uma tabela?
6. O que é um registro?
7. O que é um atributo?
8. Qual a importância da linguagem SQL?

Capítulo 2
Projetos de Bancos de Dados

O objetivo principal deste capítulo é a apresentação de conceitos básicos relacionados a projetos de bancos de dados. Além disso, este capítulo também é importante para criar uma base de conhecimento para que os próximos capítulos sejam absorvidos com maior facilidade. Assim, no final dele, espero que você esteja familiarizado com os conceitos relacionados a projetos de bancos de dados com a finalidade de criar bancos de dados estruturados para que se possa manipular os dados e gerar informações relevantes ao escopo definido.

1. Objetivos do Capítulo

Atualmente, é comum verificarmos organizações com bases de dados com grandes volumes de dados armazenados, sendo estes da ordem de centenas e até milhares de terabytes. Além disso, a necessidade de informações por parte dos gestores é enorme e vem crescendo diariamente para que as empresas possam ser bem gerenciadas. Isto porque a tomada de decisões com base em informações é muito mais precisa e, consequentemente, minimiza o risco de falhas no processo de tomada de decisões. E, para que estas informações sejam geradas com qualidade, é necessário um bom projeto de banco de dados. Vale ressaltar que não entraremos em detalhes com relação à modelagem de dados, assumindo este conceito como um pré-requisito para a compreensão deste capítulo.

O objetivo de um projeto de banco de dados é obter um conjunto de esquemas de tabelas que nos permita armazenar dados sem redundância e que as informações possam ser geradas facilmente. Para verificar se um projeto de banco de dados atende a estes pressupostos, podemos aplicar algumas regras aos projetos. A estas regras, damos o nome de Formas Normais.

Originalmente, E. F. Codd definiu três destas formas normais, mas hoje existem algumas outras que iremos apresentar neste capítulo. Para aplicar as formas normais, ou seja, para efetuar a normalização de um banco de dados, devemos seguir os seguintes passos em sequência: primeira forma normal, segunda forma normal, terceira forma normal, forma normal de Boyce-Codd, quarta forma normal e, por último, a Quinta Forma Normal. Estas formas normais devem ser aplicadas ao modelo de dados que o projetista de banco de dados estiver trabalhando. Ao final da aplicação das formas normais, podemos dizer que o projeto de banco de dados está livre de redundâncias e, consequentemente, de inconsistência.

Neste momento, podemos definir normalização como sendo uma série de passos que se segue no projeto de um banco de dados que permite um armazenamento consistente e um eficiente acesso aos dados em um banco de dados relacional. Devemos fazer uso destes passos sempre que estivermos projetando nossas soluções de banco de dados, salvo casos específicos onde trabalhamos com o conceito de desnormalização, que não abordaremos neste livro por fugir do escopo.

O uso da normalização traz grandes benefícios (consistência, evita redundância, integridade) e sua não utilização poderá trazer exatamente os problemas resolvidos com normalização, ou seja: problemas de inconsistência, redundância e integridade.

Este capítulo está dividido da seguinte forma: inicialmente, serão abordados conceitos importantes envolvidos no contexto. Posteriormente, serão apresentadas as formas normais e um exemplo de aplicação contemplando todos os conceitos envolvidos.

2. Conceitos Básicos

Neste tópico, iremos abordar os conhecimentos básicos relacionados a projetos de bancos de dados necessários para uma boa compreensão do escopo deste livro, que é a linguagem SQL.

a. Redundância

Redundância é o termo aplicado em bancos de dados para informações iguais armazenadas repetidas vezes em um banco de dados. Como, por exemplo, podemos ter o atributo nome armazenado em uma tabela de clientes e o mesmo nome também armazenado em uma tabela de fornecedores. Sabemos que uma mesma pessoa pode ser cliente de uma empresa e também ser um fornecedor.

Na tabela 7, apresentamos um cadastro de um cliente e na tabela 8, apresentamos o cadastro de um fornecedor. Repare que os atributos CPF, Nome e Endereco se repetem nas duas tabelas. Porém, isto não necessariamente é redundância. Porém, perceba que o registro que contém o CPF 111.111.111-11, Nome Ary e Endereço Rua X se repetem nas duas tabelas. Se em um banco de dados tivermos estas duas tabelas armazenadas com estes registros, aí sim podemos dizer que existe redundância de dados.

CPF	Nome	Endereco
111.111.111-11	Ary	Rua X
222.222.222-22	Ana	Rua Y

Tabela 7 - Tabela com dados de um cadastro de cliente

CPF	Nome	Endereco
111.111.111-11	Ary	Rua X
333.333.333-33	Bernardo	Rua Y
444.444.444-44	Tatiana	Rua Z

Tabela 8- Tabela com dados de um cadastro de fornecedores

b. Inconsistência

Inconsistência é o termo aplicado em bancos de dados onde informações iguais armazenadas repetidas vezes em um banco de dados estejam de forma incoerente, ou seja, inconsistente. Para que exista a inconsistência, inicialmente deve-se ter a redundância de dados para permitir que a inconsistência exista.

Perceba que, nas tabelas 7 e 8, temos o registro que contém o CPF 111.111.111-11, Nome Ary e Endereço Rua X se repetem nas duas tabelas. Assim, verificamos que existe a redundância de dados. Mas, se quisermos alterar o endereço do cliente com CPF 111.111.111-11 para Rua W, teremos a inconsistência dos dados, ou seja, na tabela cliente teremos um endereço e na tabela fornecedor teremos outro. Qual é o endereço correto para a pessoa com este CPF?

Perceba que a consequência da inconsistência é grave, pois podem-se gerar dúvidas inclusive a respeito da qualidade dos dados armazenados. Na tabela 9, apresentamos o cadastro de clientes com o registro alterado. Na tabela 10, apresentamos o cadastro de fornecedores. Perceba a diferença entre as tabelas.

CPF	Nome	Endereco
111.111.111-11	Ary	Rua W
222.222.222-22	Ana	Rua Y

Tabela 9 - Tabela com dados de um cadastro de cliente

CPF	Nome	Endereco
111.111.111-11	Ary	Rua X
333.333.333-33	Bernardo	Rua Y
444.444.444-44	Tatiana	Rua Z

Tabela 10 - Tabela com dados de um cadastro de fornecedores

c. Super Chave

Uma superchave é um conjunto de um ou mais atributos que, tomados coletivamente, nos permitem identificar de maneira unívoca uma entidade em um conjunto de entidades. Repare que este conceito é mais forte que o da chave candidata (item d) e do que chave primária (item e). Por exemplo, para uma relação pessoa, o atributo CPF é uma superchave, assim como RG, Título de Eleitor, entre outras.

d. Chave Candidata

Uma chave candidata é um conjunto de um ou mais atributos, que são superchaves e que não podem ser reduzidos sem perder esta característica. Por exemplo, chaves candidatas para a mesma relação, podemos ter CPF, RG, Título de Eleitor, Nome + Endereço (repare que normalmente não se tem pessoas com o mesmo nome morando no mesmo endereço).

e. Chave Primária

Chave primária é uma chave candidata, escolhida pelo projetista do banco de dados como significado principal para a identificação de entidades dentro de um conjunto de entidades.

f. Chave Estrangeira

Uma chave estrangeira é pelo menos uma chave candidata em uma tabela, utilizada para fazer referência à outra tabela. No decorrer deste livro, você irá visualizar exemplos claros de chave estrangeira.

g. Dependência Funcional

Uma dependência funcional é um relacionamento entre dois ou mais atributos, de forma que o valor de um atributo identifique o valor para cada um dos outros atributos, ou seja, um atributo está relacionado a outro.

Por exemplo:

A → B

Nesse exemplo, o atributo B é dependente (funcionalmente) do atributo A. Em outras palavras, para 'descobrirmos o valor de B, precisamos saber o valor de A'. Porém, a recíproca NÃO é verdadeira. Veja mais um exemplo:

CPF → Nome do cliente

Nesse exemplo, para descobrirmos o nome do cliente (dentro de um conjunto de clientes), primeiramente precisamos saber qual é o cpf dele. Assim, o campo/atributo nome é dependente do campo/atributo cpf. Você poderia pensar: "Nem sempre eu vou precisar saber o cpf do cliente para obter o nome dele". Esse pensamento é incorreto, pois você pode ter clientes com o mesmo nome. Por isto, existe esta dependência funcional.

É importante ressaltar que em uma tabela podemos ter mais de uma dependência funcional. Por exemplo:

CPF → Nome do cliente

CPF → UF do cliente

Essa mesma afirmação pode ser descrita da seguinte forma:

CPF → [Nome do Cliente, UF do cliente]

Vamos supor uma tabela contendo cpf do cliente, nome do cliente, tipo de logradouro, logradouro, número, complemento, bairro, cidade e UF. Nesta tabela, para cada cpf de cliente teremos um só valor para nome do cliente, tipo de logradouro, logradouro, número, complemento, bairro, cidade e UF. Por isto, dizemos que os atributos nome do cliente, tipo de logradouro, logradouro, número, complemento, bairro, cidade e UF estão funcionalmente dependentes do código do cliente. Perceba que, neste caso, estamos considerando que será armazenado apenas o endereço residencial da pessoa. Caso contrário, esta dependência funcional deixaria de existir, mas poderíamos ter outras.

Esta dependência funcional pode ser escrita da seguinte forma:

CPF → nome, tipo_logradouro, logradouro, nro, compl, bairro, cidade, UF

Com isso, podemos perceber que o valor de um atributo determina o valor de outro atributo. Provavelmente você já tenha se deparado com a forma mais comum de dependência funcional, que é gerada pela chave primária. Obviamente o valor da chave primária determina o valor dos outros atributos do mesmo registro.

h. Dependência Funcional Parcial

Uma dependência funcional parcial ocorre quando os atributos não chave não dependem funcionalmente de toda a chave primária quando esta for composta. Assim, nas tabelas em que a chave primária for composta, todos os atributos devem depender de toda a chave primária. Caso a dependência seja de parte da chave, verificamos a existência de dependência funcional parcial.

Por exemplo:

AB → C, D

Considere que o atributo C dependa funcionalmente de A, mas não dependa de B. Já temos um exemplo de dependência funcional parcial.

Suponha uma tabela com o nome notas (matricula_aluno, CodDisciplina, Periodo, NomeDisciplina, Nota) (ver tabela 11). Suponha que a chave primária desta tabela seja matricula_aluno, Periodo e CodDisciplina. Nesta tabela, verificamos que o atributo NomeDisciplina depende apenas do CodDisciplina e não depende da matrícula do aluno junto com seu período. Assim, existe uma dependência funcional parcial. Isso pode trazer problemas para o modelo como redundância de informações. Imagine que o aluno de matricula 123 tenha perdido a disciplina Engenharia de Requisitos no primeiro período e tenha que repeti-la no segundo. Perceba, na tabela 11, que, neste caso, teríamos o valor do campo NomeDisciplina replicado. Esta certamente não é uma boa prática de projeto. A solução neste caso seria criarmos outra tabela contendo apenas os dados da disciplina (veremos esta solução detalhadamente mais adiante quando falaremos sobre as formas normais).

Matricula_Aluno	Periodo	CodDisciplina	NomeDisciplina	Nota
123	1	8	Engenharia de Requisitos	4,0
123	1	9	Qualidade de Software	10,0
123	1	5	Engenharia de Software	7,0
123	2	8	Engenharia de Requisitos	7,0

Tabela 11- Tabela contendo dependência funcional parcial.

i. Dependência Funcional Transitiva

Na definição dos campos de uma entidade pode ocorrer casos em que um campo não seja dependente diretamente da chave primária ou de parte dela, mas sim dependente de outro campo da tabela, campo este que não a Chave Primária. Quando isto ocorre, dizemos que a tabela possui dependência funcional transitiva. É importante deixar claro que há a diferença entre dependência funcional parcial e a transitiva. Na dependência funcional parcial, pelo menos um atributo da tabela depende de parte da chave primária (e não dela toda); na dependência funcional transitiva, pelo menos um atributo da tabela depende de outro atributo que não seja chave primária.

Para definir melhor o conceito de dependência funcional transitiva, trabalharemos por meio de um exemplo. Vamos supor a existência de uma tabela funcionário contendo a matrícula do funcionário (chave primária), nome do funcionário, código do cargo, nome do cargo e salário do cargo, conforme tabela 12.

Matricula	NomeFuncionario	CodCargo	NomeCargo	SalarioCargo
1	Ary	1	Professor	R$ 7.500,00
2	Tatiana	2	Advogado	R$ 6.900,00
3	Ana	3	Psicóloga	R$ 1.550,00
4	Miguel	4	Analista de Sistemas	R$ 8.000,00
5	Bernardo	1	Professor	R$ 7.500,00

Tabela 12 - Tabela Funcionário

Perceba que a matrícula do funcionário determina apenas os atributos nome do funcionário e código do cargo. Entretanto, o código do cargo (que não é chave primária) determina o nome do cargo e o salário do cargo e estes dois últimos atributos não dependem diretamente do atributo matrícula.

Matricula → NomeFuncionario, CodCargo

CodCargo → NomeCargo, SalarioCargo

Assim, temos uma dependência funcional transitiva. Perceba, no exemplo da tabela 12, que quando este tipo de dependência está presente, temos informações redundantes na tabela (o funcionário Bernardo também é professor e possui os campos NomeCargo e SalarioCargo repetidos em relação ao funcionário Ary) e sabemos que este tipo de situação é uma das causas para a perda de integridade em projetos de banco de dados. Analisando esta situação, fica bastante claro que, sabendo o valor do atributo CodCargo, saberíamos automaticamente o valor dos atributos NomeCargo, SalarioCargo e isso poderia estar armazenado em outra tabela para evitar problemas de redundância.

j. Atributos Multivalorados

Atributos multivalorados são atributos que podem conter mais de um valor para um mesmo registro.

Na tabela 13, apresentamos uma tabela pessoa (Codigo, Nome, Telefone). Perceba o atributo telefone para os dois primeiros registros apresentados. Existe mais de um telefone para cada pessoa. Desta forma, o atributo Telefone é multivalorado.

Codigo	Nome	Telefone
1	Ary	(34) 3821-0000 (34) 9979-0000 (34) 9964-0000
2	Tatiana	(34) 3822-0000 (34) 9976-0000
3	Ana	(11) 3184-0000
4	Bernardo	(31) 3257-0000

Tabela 13 - Tabela Pessoa Com Atributo Multivalorado

k. Atributos Compostos

Atributos compostos são atributos que podem ser subdivididos em vários atributos.

Na tabela 14, apresentamos a tabela Pessoa (Codigo, Nome, Endereco). Nesta tabela, o atributo endereço é multivalorado, uma vez que ele pode ser dividido em vários atributos.

Codigo	Nome	Endereco
1	Ary	Av. Getúlio Vargas, 1000, apto 201 – Bairro Saraiva – Uberlândia-MG
2	Tatiana	Av. Brasil, 966 – Bairro Brasil – Salvador-BA
3	Ana	Rua Minas Gerais, 100 – Bairro Brasil – Recife-PE
4	Bernardo	Praça da Liberdade, 27 – Bairro Esperança – São Paulo-SP

Tabela 14 - Tabela Pessoa com Atributo Composto(endereco)

Na tabela 15, apresentamos a tabela pessoa (Codigo, Nome, TipoLogradouro, Logradouro, Nro, Comp, Bairro, Cidade, UF). Esta tabela é a mesma da 14, porém com o atributo endereço sendo dividido em: Tipo de Logradouro, Logradouro, Número, Complemento, Bairro, Cidade e Estado(UF). Esta divisão comprova que o atributo endereço é composto.

Codigo	Nome	Tipo Logradouro	Logradouro	Nr	Comp	Bairro	Cidade	UF
1	Ary	Avenida	Getúlio Vargas	11	Apto 201	Saraiva	Uberlândia	MG
2	Tatiana	Avenida	Brasil	25		Brasil	Salvador	BA
3	Ana	Rua	Minas Gerais	10		Brasil	Recife	PE
4	Bernardo	Praça	Liberdade	27		Centro	São Paulo	SP

Tabela 15 - Tabela Pessoa sem Atributo Composto

l. Atributos Atômicos

Atributos atômicos são atributos que não podem ser subdivididos e também não são multivalorados. Assim, um atributo atômico é indivisível.

Por exemplo, podemos citar CPF, CNPJ, Preco_Unitario como sendo atributos atômicos em quaisquer tabelas, uma vez que nenhum deles pode ser subdividido.

m. Dependência Funcional Multivalorada

Uma dependência funcional multivalorada ocorre quando, para cada valor de um determinado atributo A, há um conjunto finito de valores para outro atributo B, que estão associados a ele e um conjunto finito de valores de um determinado atributo C, também associados a ele. Todavia, os atributos B e C devem ser independentes um do outro, ou seja, o valor do atributo B não identifica o valor do atributo C e vice-versa.

Por exemplo, vamos supor uma tabela filmes, de acordo com a tabela 16. Para cada filme, há um conjunto finito de atores associados ao filme e também há um conjunto finito de produtores associados a este filme. Entretanto, atores e produtores são independentes um do outro.

Filme	Ator	Produtor
Uma Linda Mulher	Julia Richard	José Jack Mario
Coração Valente	Mel Linda	João
Se eu fosse Você	Tony Gloria	Joaquim Luciano Maria

Tabela 16 - Tabela Filmes

Neste caso, as dependências multivaloradas podem ser escritas como:

Filme →→ Ator

Filme →→ Produtor

O problema deste tipo de dependencia é que ela pode trazer um nível muito alto de redundância. Perceba que a tabela 16 possui atributos multivalorados, o que muitas vezes não se configura um estado desejável para armazenamento e busca de informações no banco de dados. Caso tratássemos cada atributo de forma que possuíssem apenas um valor, teríamos uma tabela semelhante à tabela 17. Perceba que a quantidade de repetição de dados é enorme, podendo trazer sérios problemas para manutenção da consistência e integridade das informações. Logo, verificamos que possuímos muita redundância de dados nesta tabela, podendo gerar problemas de inconsistência de dados.

Filme	Ator	Produtor
Uma Linda Mulher	Julia	José
Uma Linda Mulher	Julia	Jack
Uma Linda Mulher	Julia	Mario
Uma Linda Mulher	Richard	José
Uma Linda Mulher	Richard	Jack
Uma Linda Mulher	Richard	Mario
Coração Valente	Mel	João
Coração Valente	Linda	João
Se Eu Fosse Você	Tony	Joaquim
Se Eu Fosse Você	Tony	Luciano
Se Eu Fosse Você	Tony	Maria
Se Eu Fosse Você	Glória	Joaquim
Se Eu Fosse Você	Glória	Luciano
Se Eu Fosse Você	Glória	Maria

Tabela 17 - Tabela Contendo Dependência Funcional Multivalorada

Repare também que para que a dependência funcional multivalorada ocorra, é necessário não apenas um atributo multivalorado, mas no mínimo dois. No exemplo da tabela 16, verificamos que, para cada registro do atributo Filme, possuímos um conjunto finito de valores para o atributo Ator e também um conjunto finito de valores para o atributo Produtor. Perceba que Ator e Produtor não têm relação. Desta forma, a não existência de um dos dois atributos (Ator ou Produtor) implicaríamos em não termos uma dependência funcional multivalorada. Teríamos apenas um atributo multivalorado.

n. Dependência Funcional Cíclica

Uma dependência funcional cíclica acontece quando temos dependências como:

$A \rightarrow B, B \rightarrow C, C \rightarrow A.$

Por exemplo: em uma instituição de ensino, um professor ministra disciplinas, conforme tabela 18. Logo, professor → disciplina.

Professor	Disciplina
Ary	Banco de Dados 1 Banco de Dados 2
Bernardo	Engenharia de Software Análise e Projeto de Sistemas

Tabela 18 - Tabela Professor

Entretanto, um professor também escreve livro, conforme tabela 19. Assim, teremos: Professor → Livro.

Professor	Livro
Ary Bernardo Ana	Introdução a Banco de Dados
Miguel Bernardo	Engenharia de Software

Tabela 19 - Tabela ProfessorApostila

Além disso, cada disciplina pode ter várias apostilas, conforme pode ser visualizado na tabela 20. Logo: disciplina → livro.

Disciplina	Livro
Banco de Dados 1 Banco de Dados 2	Introdução a Banco de Dados
Engenharia de Software	Engenharia de Software Análise e Projeto de Sistemas

Tabela 20 - Tabela DisciplinaApostila

Desta forma, temos a relação cíclica:

professor → disciplina, disciplina → livro e livro → professor.

o. Formas Normais

Neste tópico iremos apresentar todas as formas normais existentes.

i. Primeira Forma Normal (1FN)

Uma tabela se encontra na 1FN se todos os atributos possuírem apenas valores atômicos (simples e indivisíveis) e os valores de cada atributo no registro também deve ser um valor simples (ou seja, o atributo não deve ser composto). Desta forma, caso existam atributos compostos, estes devem ser divididos em atributos atômicos. Caso existam atributos multivalorados, estes devem fazer parte de outra tabela, que estará relacionada com a tabela original.

Para exemplificar, seja a tabela Pessoa (Codigo, Nome, Telefone, Endereco), conforme apresentado na tabela 21.

Perceba que a referida tabela não está na 1FN, pois possui um atributo multivalorado (Telefone) e um atributo composto (Endereco). Este atributo pode ser dividido em vários atributos atômicos, como: Tipo de Logradouro, Logradouro, Número, Complemento, Bairro, Cidade, Estado.

Codigo	Nome	Telefone	Endereco
1	Ary	(34) 3821-0000 (34) 9979-0000 (34) 9964-0000	Av. Getúlio Vargas, 1000, apto 201 – Centro – Patos de Minas-MG
2	Tatiana	(34) 3822-0000 (34) 9976-0000	Av. Brasil, 966 – Centro – Belo Horizonte-MG
3	Ana	(11) 3184-0000	Rua Minas Gerais, 100 – Bairro Brasil – Recife-PE
4	Bernardo	(31) 3257-0000	Praça da Liberdade, 27 – Bairro Esperança – São Paulo-SP

Tabela 21 - Tabela Pessoa sem atender a 1FN

Assim, poderíamos ter duas novas tabelas: Pessoa (Codigo, Nome, Tipo_logradouro, Logradouro, Numero, Complemento, Bairro, Cidade, Estado)

– apresentada na tabela 22 e Telefone (Codigo_tel, Nrotel, Codigo) – apresentada na tabela 23, na qual oo código é chave estrangeira referenciando cliente.

Codigo	Nome	Tipo Logradouro	Logradouro	Nro	Comp	Bairro	Cidade	UF
1	Ary	Avenida	Getúlio Vargas	1000	Apto 201	Centro	Patos de Minas	MG
2	Tatiana	Avenida	Brasil	966		Centro	Belo Horizonte	MG
3	Ana	Rua	Minas Gerais	100		Brasil	Recife	PE
4	Bernardo	Praça	Liberdade	27		Esperança	São Paulo	SP

Tabela 22 - Tabela Pessoa sem Atributo Composto

Codigo_tel	Nrotel	Codigo
1	(34) 3821-0000	1
2	(34) 9979-0000	1
3	(34) 9964-0000	1
4	(34) 3822-0000	2
5	(34) 9976-0000	2
6	(11) 3184-0000	3
7	(31) 3257-0000	4

Tabela 23 - Tabela Telefone_Pessoa

Desta forma, estas duas tabelas estão atendendo à 1FN.

ii. Segunda Forma Normal (2FN)

Uma tabela se encontra na 2FN se estiver na 1FN e não possuir dependência funcional parcial.

Caso existam atributos que não dependam integralmente da chave primária, devemos retirar da tabela todos eles e dar origem a uma nova tabela.

Para exemplificar, seja a tabela vendas (<u>Nro, Codp</u>, Nomep, Vunit, Qdade, Vtot), de acordo com a tabela 24, cujos atributos correspondem a:

- Nro: número da venda;
- Codp: código do produto;
- Nomep: nome do produto;
- Vunit: valor unitário do produto;
- Qdade: quantidade vendida do produto;
- Vtot: valor total da venda.

Nro	Codp	Nomep	Vunit	Qdade	Vtot
1	1	Sabão em pó	R$ 5,50	2	R$ 11,00
2	2	Sabonete	R$ 1,10	5	R$ 5,50
3	1	Sabão em pó	R$ 5,50	3	R$ 16,50
3	2	Sabonete	R$ 1,10	2	R$ 2,20

Tabela 24 - Tabela Vendas

Suponha também que a chave primária desta tabela seja os atributos Nro e Codp. Logo, trata-se de uma chave primária composta. Assim, iremos verificar se esta tabela encontra-se na 2FN.

O primeiro passo é verificar se a tabela vendas encontra-se na 1FN. Podemos verificar que não existem atributos compostos ou multivalorados nesta tabela. Logo, a 1FN é verificada nesta tabela.

Posteriormente, precisamos verificar se existe dependência parcial de chave. Note que na tabela vendas, existe a dependência funcional parcial: Codp → NomeP, Vunit, ou seja, Nome do Produto e Valor Unitário são determinados pelo Código do Produto. Desta forma, existem atributos que não dependem integralmente da chave primária, então, a tabela vendas não está na 2FN.

Para que possamos adequar a tabela à 2FN, devemos separar a tabela vendas em duas tabelas: vendas e produtos. Os atributos da dependência parcial devem fazer parte da tabela Produtos.

Efetuando esta separação, teremos as tabelas produtos (Codp, NomeP, Vunit), conforme tabela 25, e vendas (Nro, Codp, Qdade, Vtot), conforme tabela 26, em que codp é a chave estrangeira referenciando a tabela produtos.

Codp	NomeP	Vunit
1	Sabão em pó	R$ 5,50
2	Sabonete	R$ 1,10

Tabela 25 - Tabela Produtos

Nro	Codp	Qdade	Vtot
1	1	2	R$ 11,0
2	2	5	R$ 5,50

Tabela 26 - Tabela Vendas

Desta forma, com estas duas novas tabelas, verificamos a adequação à 2FN. Percebemos que para verificar a adequação à 2FN, podemos seguir alguns passos:

Se existirem apenas atributos atômicos, as tabelas encontram-se na 1FN;

Caso não existam chaves primárias compostas, não há como existir dependência funcional parcial, e as tabelas encontram-se na 2FN;

Caso existam chaves primárias compostas, deve-se verificar a dependência funcional parcial.

Estamos considerando para este exemplo que o valor unitário da venda não pode ser alterado pelo vendedor no momento da venda. Caso isso pudesse ocorrer, o atributo valor unitário dependeria funcionalmente da chave Nro (número da venda) e a dependência funcional parcial para o atributo Vunit deixaria de existir. Ou seja, a dependência funcional de um atributo pode depender muito do seu papel dentro do sistema, e não do seu nome.

Desta forma, para que a modelagem de dados e, consequentemente, a normalização seja bem realizada, devemos conhecer previamente o comportamento do sistema, do processo da empresa e, assim, determinar o comportamento de cada atributo.

Podemos verificar a importância deste fato, uma vez que se o sistema permitir alterações no exemplo citado, o comportamento na normalização pode ser outro.

iii. Terceira Forma Normal (3FN)

Uma tabela está na 3FN se estiver na 2FN e não possuir nenhuma dependência funcional transitiva.

Para exemplificar, vamos verificar a tabela funcionario (<u>Matricula</u>, Nome, CodCargo, CNome, SalarioCargo), de acordo com a tabela 27, cujos atributos correspondem a:

- Matricula: número de matrícula do funcionário;
- Nome: nome do funcionário;
- CodCargo: Código do Cargo do Funcionário;
- CNome: Nome do cargo;
- SalarioCargo: salário do cargo.

Nesta tabela, a chave primária é o número de matrícula do funcionário (atributo matricula).

O primeiro passo para verificar se esta tabela encontra-se na 3FN é verificar se ela está na 2FN. Podemos perceber que a tabela funcionário encontra-se na 2FN porque existem apenas atributos atômicos e não existe dependência funcional parcial, uma vez que a chave primária da tabela não é composta.

Após verificar que a tabela encontra-se na 2FN, vamos verificar a existência de dependência funcional transitiva em tabela à chave primária. Neste momento, verificamos que nesta tabela existe a seguinte dependência: CodCargo → Cnome, SalarioCargo.

Perceba que CodCargo não é chave primária e os atributos Cnome e SalarioCargo estão dependendo dele. Logo, a tabela funcionários não se encontra na 3FN.

Vale ressaltar que estamos considerando para este exemplo que o valor do salário por cargo é fixo. Caso não fosse, o campo SalarioCargo não faria parte da dependência e estaria de fato dependente da matrícula do funcionário.

Para resolver a dependência funcional transitiva, precisamos separar a tabela em duas ou mais tabelas de forma a eliminar tal dependência. Neste caso, podemos dividir a tabela funcionário em duas tabelas: funcionário e cargo, da seguinte forma:

* Funcionário (Matricula, Nome, CodCargo), conforme tabela 27.
* Cargo (CodCargo, CNome, SalarioCargo), conforme tabela 28.

Matricula	NomeFuncionario	CodCargo
1	Ary	1
2	Tatiana	2
3	Ana	3
4	Bernardo	4

Tabela 27 - Tabela Funcionário

CodCargo	NomeCargo	SalarioCargo
1	Professor	R$ 7.500,00
2	Advogado	R$ 6.900,00
3	Secretária	R$ 1.550,00
4	Analista de Sistemas	R$ 8.000,00

Tabela 28 - Tabela Cargo

Verificamos que na nova tabela funcionário (tabela 27) o atributo Cod-Cargo é uma chave estrangeira referenciando a tabela Cargo. Por fim, verificamos que as tabelas funcionário e cargo estão na 3FN porque estão na 2FN e não existe dependência funcional transitiva.

iv. Forma Normal de Boyce-Codd (BCNF)

Uma relação está na FNBC se para toda dependência funcional $X \rightarrow Z$, X é uma superchave.

Para exemplificar, vamos verificar a tabela aluno_cursa (Aluno, Disciplina, Professor), de acordo com a tabela 29. Esta tabela está na 3FN porque está na 2FN e não apresenta dependência funcional transitiva.

Aluno	Disciplina	Professor
Ana	Banco de Dados	Ary
Bernardo	Matemática 1	Tatiana

Tabela 29 - Tabela aluno_cursa

Após verificar que a tabela cursa está na 3FN, vamos verificar se existe dependência funcional. Podemos verificar a seguinte dependência: Disciplina à Professor. E neste caso, disciplina é uma superchave. Esta dependência acontece porque para cada disciplina existe professor. Logo, os professores dependem da disciplina. Para resolver esta dependência, precisamos separar a tabela cursa em duas tabelas, ministra e aluno_cursa, da seguinte forma:

- Ministra(Professor, Disciplina), de acordo com a tabela 30.
- Aluno_cursa(Aluno,Disciplina), de acordo com a tabela 31.

Disciplina	Professor
Banco de Dados	Ary
Matemática 1	Tatiana

Tabela 30 - Tabela Ministra

Aluno	Disciplina
Ana	Banco de Dados
Bernardo	Matemática 1

Tabela 31 - Tabela Aluno_cursa

Verificamos que na nova tabela Ministra (Tabela 30) o atributo Disciplina é uma chave estrangeira referenciando a tabela Aluno_cursa (Tabela 31). Por fim, verificamos que as tabelas Ministra e Aluno_Cursa estão na BCNF, pois estão na 3FN e para todas as dependências funcionais existentes, verificamos a super chave.

v. Quarta Forma Normal (4FN)

Uma tabela está na 4FN se, e somente se, estiver na BCNF e não existirem dependências funcionais multivaloradas. Por exemplo, vamos supor uma tabela livros, contendo CodLivro, Autor, Titulo, Assunto, Ano conforme tabela 32.

CodLivro	Autor	Título	Assunto	Ano
1	Ary	Introdução a Bancos de Dados	Bancos de Dados	2007
2	Korth, Silberschatz	Introdução a Sistemas de Bancos de Dados	Bancos de Dados	2003
3	Mario Jino, José Carlos Maldonado, Márcio Eduardo Delamaro	Introdução ao Teste de Software	Teste Funcional Teste de carga Teste de aceitação Teste de regressão Qualidade de Software	2007

Tabela 32 - Tabela Livros

Podemos verificar que nesta tabela existe dependência funcional multivalorada em relação ao Autor e ao Assunto (um livro pode ter vários autores e apresentar diferentes assuntos – analise o último registro). Assim, para que esta tabela esteja na 4FN devemos dividi-la nas seguintes tabelas (é importante deixar claro que por termos atributos multivalorados, a tabela também não está na 1FN – isso será conseguido junto com a divisão das tabelas descritas):

- Livro(CodLivro, Titulo, Ano_publicacao), conforme tabela 33. Esta nova tabela livros foi obtida retirando os atributos multivalorados.

- Assunto(CodAssunto, Assunto), conforme tabela 34. Esta tabela assunto foi obtida a partir do atributo multivalorado Assunto da tabela livro (Tabela 32).

- Autor(CodAutor,Nome), conforme tabela 35. Esta tabela autor foi obtida a partir do atributo multivalorado Autor da tabela livro anterior (Tabela 32).

- AutorLivro(CodAutor,CodLivro), conforme tabela 36. Esta tabela foi obtida pois, após retirar o atributo multivalorado autor da tabela livro (Tabela 32), criamos uma tabela autor (Tabela 35) que será responsável por cadastrar todos os autores. Porém, verificamos que os livros podem possuir mais de um autor. Logo, trata-se de um relacionamento n:n. Assim, para resolvermos este relacionamento precisamos de uma nova tabela que seria a AutorLivro (Tabela 36).

- LivroAssunto(CodLivro,CodAssunto), conforme tabela 37. Esta tabela foi obtida pois, após retirar o atributo multivalorado assunto da tabela livro (Tabela 32), criamos uma tabela Assunto (Tabela 34) que será responsável por cadastrar todos os assuntos de livros existentes. Porém, verificamos que os livros podem possuir mais de um assunto. Logo, trata-se de um relacionamento n:n. Assim, para resolvermos este relacionamento precisamos de uma nova tabela que seria a LivroAssunto (Tabela 37).

CodLivro	Título	Ano
1	Introdução a Bancos de Dados	2007
2	Introdução a Sistemas de Bancos de Dados	2003
3	Introdução ao Teste de Software	2007

Tabela 33 - Tabela Livro

CodAssunto	Assunto
1	Bancos de Dados
2	Teste Funcional
3	Teste de carga
4	Teste de aceitação
5	Teste de regressão
6	Qualidade de Software

Tabela 34 - Tabela Assunto

CodAutor	Nome
1	Ary
2	Korth
3	Silberschatz
4	Mario Jino
5	José Carlos Maldonado
6	Márcio Eduardo Delamaro

Tabela 35 - Tabela Autor

CodAutor	CodLivro
1	1
2	2
3	2
4	3
5	3
6	3

Tabela 36 - Tabela AutorLivro

CodAssunto	CodLivro
1	1
1	2
2	3
3	3
4	3
5	3
6	3

Tabela 37 - Tabela LivroAssunto

Note que as tabelas AutorLivro (Tabela 36) e LivroAssunto (Tabela 37) possuem chaves estrangeiras, que são:

- Tabela AutorLivro
  - CodAutor: Referenciando tabela Autor (Tabela 35)
  - CodLivro: Referenciando tabela Livro (Tabela 33)
- Tabela LivroAssunto
  - CodLivro: Referenciando tabela Livro (Tabela 33)
  - CodAssunto: Referenciando tabela Assunto (Tabela 34)

Desta forma, as dependências funcionais multivaloradas deixam de existir nestas tabelas. Portanto, as tabelas encontram-se na 4FN.

Neste exemplo citado, devemos levar em consideração os conceitos da 4FN. Uma das razões para muitos autores trabalharem apenas com a 1FN, 2FN e 3FN é que na grande maioria dos casos, estas três formas normais resolvem todos os problemas abordados. Isto porque, para normalizarmos de acordo com a 4FN, primeiramente devemos aplicar a 1FN, a 2FN e a 3FN, nesta ordem. Assim, ao "chegarmos" na 4FN, não teríamos atributos multivalorados, pois teríamos resolvido este ponto na 1FN. Entretanto, não podemos deixar de citá-la para que o leitor perceba a importância de tais formas normais.

vi. Quinta Forma Normal (5FN) ou Forma Normal de Projeção de Junção (FNPJ)

Uma tabela está na quinta forma normal se não existir dependência funcional cíclica. Para resolver este problema da dependência cíclica, conforme devemos separar o ciclo em outras tabelas, envolvendo relacionamentos com cardinalidade n: n.

Por exemplo, vamos supor inicialmente as tabelas professor, disciplina e livro, conforme tabelas 38, 39 e 40 respectivamente. Nestas tabelas, identificamos a seguinte dependência funcional cíclica: Professor → disciplinas, disciplinas → livro e livro → professor.

Para resolver esta dependência funcional cíclica, podemos separar as tabelas da seguinte forma:

- Professor(Codprof,Nome), conforme tabela 38. Esta tabela foi obtida para armazenar apenas os dados cadastrais dos professores.

- Disciplina(CodDisc, Nome), conforme tabela 39. Esta tabela foi obtida para armazenar apenas os dados cadastrais das disciplinas.

- Ministra(Codprof,CodDisc), conforme tabela 40. Esta tabela foi obtida para resolver a dependência funcional entre professor e disciplina. Assim, um professor poderá ministrar várias disciplinas e cada disciplina poderá ser ministrada por vários professores.

- Livro(CodL,Nome), conforme tabela 41. Esta tabela foi obtida para armazenar os dados cadastrais das apostilas.

- DisciplinaLivro(CodL,CodDisc), conforme tabela 42. Esta tabela foi obtida para resolver a dependência funcional entre disciplina e apostila. Assim, uma disciplina poderá ter várias apostilas e cada apostila poderá ter várias disciplinas.

- LivroProfessor(CodL, CodProf), conforme tabela 43. Esta tabela foi obtida para resolver a dependência funcional entre professor e apostila. Desta forma, uma apostila poderá ter vários professores como autores e cada professor poderá ter várias apostilas publicadas.

Codprof	Nome
1	Ary
2	José

Tabela 38- Tabela Professor

CodDisc	Nome
1	Banco de Dados 1
2	Banco de Dados 2
3	Engenharia de Software
4	Análise e Projeto de Sistemas

Tabela 39 - Tabela Disciplina

Codprof	CodDisc
1	1
1	2
2	3
2	4

Tabela 40 - Tabela Ministra

CodL	Nome
1	Introdução a Banco de Dados
2	Engenharia de Software

Tabela 41 - Tabela Livro

CodL	CodDisc
1	1
1	2
2	3

Tabela 42 - Tabela DisciplinaLivro

CodL	CodProf
1	1
1	2
2	3

Tabela 43 - Tabela LivroProfessor

Desta forma, verificamos que a dependência funcional cíclica foi extinta.

Observe que as tabelas Ministra (Tabela 40), DisciplinaLivro (Tabela 42) e LivroProfessor (CodL,CodProf) possuem chaves estrangeiras que são:

- Tabela Ministra
  - Codprof: Referenciando tabela Professor (Tabela 38);
  - CodDisc: Referenciando tabela Disciplina (Tabela 39).
- Tabela DisciplinaLivro
  - CodL: Referenciando tabela Livro (Tabela 41);
  - CodDisc: Referenciando tabela Disciplina (Tabela 39).
- Tabela LivroProfessor
  - CodL: Referenciando tabela Livro (Tabela 41);
  - CodProf: Referenciando a tabela Professor (Tabela 38).

Assim, não existe mais dependência cíclica e os relacionamentos foram estabelecidos de acordo com as chaves estrangeiras. Logo, as tabelas encontram-se na 5FN.

Neste exemplo citado, devemos levar em consideração os conceitos da 5FN. Assim como foi apresentado no final do tópico relativo à 4FN, uma das razões para muitos autores trabalharem apenas com a 1FN, 2FN e 3FN é que, na grande maioria dos casos, estas três formas normais resolvem todos os problemas abordados. Isto porque, para normalizarmos de acordo com a 5FN, primeiramente devemos aplicar a 1FN, a 2FN, a 3FN e a 4FN, nesta ordem. Assim, ao "chegarmos" na 5FN, não teríamos atributos multivalorados, pois teríamos resolvido este ponto na 1FN e muito provavelmente não teríamos a dependência funcional cíclica. Entretanto, não podemos deixar de citá-la para que o leitor perceba a importância de tais formais normais.

3. Exemplo

Suponha que inicialmente tenhamos uma única tabela para armazenar as notas fiscais (Figura 1) com os seguintes atributos:

- NroNF: Número da Nota Fiscal – Chave primária;
- Serie: Série da Nota Fiscal;
- DataEmissao: Data de Emissão da Nota Fiscal;
- CodCli: Código do Cliente;
- NomeCli: Nome do cliente;
- CNPJCli: CNPJ do cliente;
- MercadoriasVendidas: Mercadorias Vendidas na Nota Fiscal;
- TotalNota: Valor Total Vendido na Nota Fiscal.

Assim, o esquema desta tabela seria: NotaFiscal(NroNF, Serie, DataEmissao, CodCli, NomeCli. CNPJCli, MercadoriasVendidas, TotalNota) . Na figura 1, apresentamos a tabela NofasFiscais e tabela 44 apresentamos a referida tabela com alguns registros cadastrados.

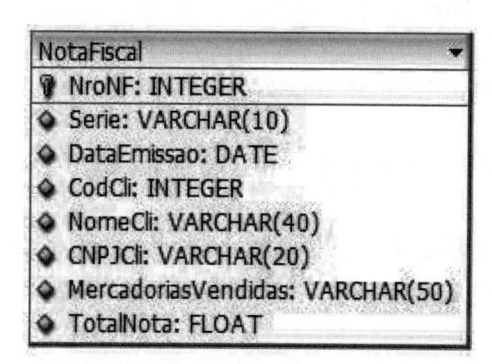

Figura 1- Tabela NotaFiscal Desnormalizada

NroNF	Serie	Data Emissao	CodCli	NomeCli	CNPJCli	Mercadorias Vendidas	Total Nota
1	D	18/09/2007	1	Ary	123456	1, Sabão em Pó,1, 5.40; 2, Sabonete, 1, 2.00; 3, Saboneteira, 1, 2.00;	R$ 9,40
2	D	19/09/2007	2	Tatiana	654321	4, Creme,1,32.50	R$ 32,50
3	D	20/09/2007	1	Ary	123456	2, Sabonete,1,2.00	R$ 2,00

Tabela 44 - Tabela NotaFiscal com registros cadastrados

Perceba que o atributo Mercadorias Vendidas é composto e multivalorado. Portanto, deve ser dividido em atributos atômicos, conforme a 1FN. Veja também que o atributo MercadoriasVendidas possui um número, uma descrição, um número e um valor. Desta forma, para cada mercadoria vendida, poderíamos ter:

- CodM: Código da Mercadoria;
- Descricao: Descrição da Mercadoria;
- Qdade: Quantidade Vendida;
- Preco: Preço de Venda;
- TotalVenda: Total Vendido da Mercadoria.

Dessa forma, poderíamos ter as seguintes tabelas resultantes (Figura 2, Tabela 45, Tabela 46):

- NotaFiscal (NroNF, Serie, DataEmissão, CodCli, NomeCli, CNPJCli, TotalNota);
- Vendas(NotaFiscal_NroNF, CodM, Descricao, Qdade, Preco, TotalVenda).

Repare que os novos atributos que estão na tabela Vendas são resultantes do atributo composto MercadoriasVendidas da figura 1.

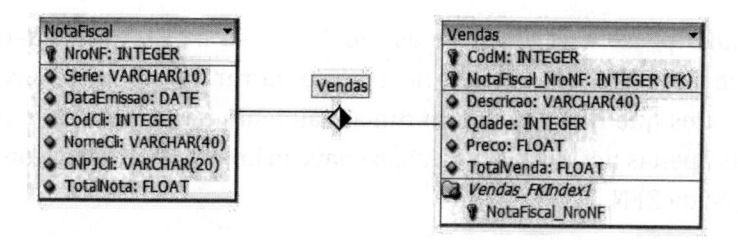

Figura 2 - Tabelas NotaFiscal e Vendas

NroNF	Serie	Data Emissao	CodCli	NomeCli	CNPJCli	TotalNota
1	D	18/09/2007	1	Ary	123456	R$ 9,40
2	D	19/09/2007	2	Tatiana	654321	R$ 32,50
3	D	20/09/2007	1	Ary	123456	R$ 2,00

Tabela 45 - Tabela NotaFiscal com dados cadastrados

Nota Fiscal_NroNF	CodM	Descricao	Qdade	Preco	TotalVenda
1	1	Sabão em Pó	1	5,40	5,40
1	2	Sabonete	1	2,00	2,00
1	3	Saboneteira	1	2,00	2,00
2	4	Creme	1	32,50	32,50
3	2	Sabonete	1	2,00	2,00

Tabela 46 - Tabela Vendas com dados cadastrados

Observe que, na tabela NotaFiscal, a chave primária é NroNF e na tabela vendas é NotaFiscal_NroNF e CodM (Figura 2).

O resultado da primeira tabela é obtido através da divisão do atributo composto em atributo atômico em outra tabela. Esta nova tabela tem como chave primária a chave primária da tabela original. Assim, como não existem mais atributos multivalorados, estas duas tabelas encontram-se na 1FN.

O próximo passo é verificar se as tabelas estão na 2FN. Analisando as duas tabelas, verificamos que é necessário retirar da tabela vendas todos os atributos que não dependam funcionalmente de toda a chave primária, pois apenas nesta tabela existe a chave primária composta, conforme definição da 2FN.

Para resolver a 2FN na tabela Vendas (Tabela 46), verificamos que os atributos Descricao e Preco não dependem de toda a chave primária. Estes dois atributos não dependem do número da nota fiscal. Eles são dependentes apenas do código da mercadoria, ou seja, apenas o código da mercadoria identifica o valor destes dois atributos. Sabemos que estes atributos são relativos às Mercadorias. Assim, poderemos criar uma tabela Mercadorias para absorver estes dois atributos.

Entretanto, devemos nos atentar novamente com os dados dos atributos relativos a preço. No caso da nova tabela Mercadorias, o preço apresentado é o preço unitário do produto. Repare que não é possível a identificação de histórico de preços, por exemplo. Assim, este preço armazenado é o preço unitário atual das mercadorias.

Repare que na tabela vendas, existe um atributo Totalvenda que armazena o valor total parcial da venda, isto é, a quantidade de mercadorias vendidas multiplicadas pelo preço unitário. Mas, esta multiplicação ocorreu no ato da venda. Veja que desta forma, a qualquer momento podemos saber qual era o preço unitário de determinado produto na data em que foi vendido. Assim, basta fazer o caminho inverso, ou seja, dividir o valor do atributo Totalvenda pela quantidade vendida.

Desta forma, temos as seguintes tabelas resultantes (Figura 3, Tabela 47, Tabela 48, Tabela 49):

- NotaFiscal (NroNF, Serie, DataEmissão, CodCli, NomeCli, CNPJCli, TotalNota);
- Vendas(NotaFiscal_NroNF, Mercadorias_CodM, Qdade, TotalVenda);

Figura 3 - Tabelas NotaFiscal, Mercadoria e Vendas

NroNF	Serie	Data Emissao	CodCli	NomeCli	CNPJCli	TotalNota
1	D	18/09/2007	1	Ary	123456	R$ 9,40
2	D	19/09/2007	2	Tatiana	654321	R$ 32,50
3	D	20/09/2007	1	Ary	123456	R$ 2,00

Tabela 47 - Tabela NotaFiscal com dados cadastrados

NotaFiscal_NroNF	Mercadorias_CodM	Qdade	TotalVenda
1	1	1	5,40
1	2	1	2,00
1	3	1	2,00
2	4	1	32,50
3	2	1	2,00

Tabela 48 - Tabela Vendas com dados cadastrados

CodM	Descricao	Preco
1	Sabão em Pó	5,40
2	Sabonete	2,00
3	Saboneteira	2,00
4	Creme	32,50

Tabela 49 - Tabela Mercadorias com dados cadastrados

Note que foram retirados os atributos descrição e preço, pois estes dependem apenas do código da mercadoria.

O próximo passo é verificar se estas três tabelas estão na 3FN. Perceba que, na tabela NotaFiscal, os atributos NomeCli, CNPJCli dependem de CodCli que não é chave primária. As outras tabelas estão na 3FN uma vez que não possuem atributos que não dependem de outros atributos que não sejam chave.

Desta forma, precisamos de outra tabela, que nomeamos Clientes, contendo estes atributos:

- Clientes (CodCli, NomeCli, CNPJCli) (Tabela 50);
- NotaFiscal (NroNF, Serie, DataEmissão, Clientes_CodCli, TotalNota). Esta tabela precisou ser alterada, possuindo uma chave estrangeira referenciando a tabela Clientes, conforme tabela 51.

As outras tabelas continuam da mesma forma.

- Vendas(NroNF, CodM, Qdade, TotalVenda) (Tabela 52);
- Mercadorias (CodM, Descricao, Preco) (Tabela 53);

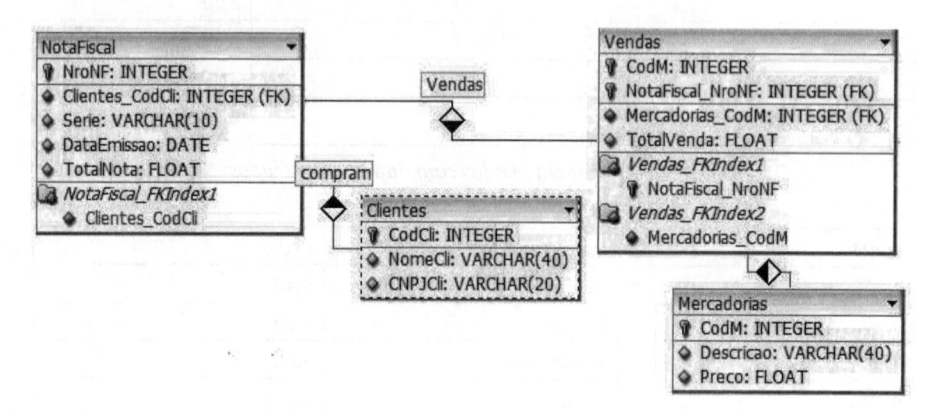

Figura 4- Tabelas NotaFiscal, Mercadoria, Clientes e Vendas

CodCli	NomeCli	CNPJCli
1	Ary	123456
2	Tatiana	654321

Tabela 50 - Tabela Clientes com dados cadastrados

NroNF	Serie	DataEmissao	Clientes_CodCli	TotalNota
1	D	18/09/2007	1	R$ 9,40
2	D	19/09/2007	2	R$ 32,50
3	D	20/09/2007	1	R$ 2,00

Tabela 51 - Tabela NotaFiscal com dados cadastrados

NotaFiscal_NroNF	Mercadorias_CodM	Qdade	TotalVenda
1	1	1	5,40
1	2	1	2,00
1	3	1	2,00
2	4	1	32,50
3	2	1	2,00

Tabela 52 - Tabela Vendas com dados cadastrados

CodM	Descricao	Preco
1	Sabão em Pó	5,40
2	Sabonete	2,00
3	Saboneteira	2,00
4	Creme	32,50

Tabela 53 - Tabela Mercadorias com dados cadastrados

Perceba que as outras tabelas ficaram inalteradas. Portanto, estas tabelas encontram-se na 3FN. Estas relações estão na BCNF, de acordo com a definição, pois todas as dependências funcionais existentes possuem a superchave.

Precisamos verificar se existem dependências funcionais multivaloradas para verificar se estas tabelas encontram-se na 4FN. Como não foram identificadas, as tabelas encontram-se na 4FN. Da mesma forma, como não existe dependência funcional cíclica, as tabelas estão na 5FN.

Assim, neste exemplo simples de aplicação das formas normais, partimos de uma única tabela NotaFiscal (NroNF, Serie, DataEmissao, CodCli, NomeCli. CNPJCli, MercadoriasVendidas, TotalNota) (Figura 1) e chegamos ao resultado (Figura 4):

- Clientes (CodCli, NomeCli, CNPJCli);
- NotaFiscal (NroNF, Serie, DataEmissão, CodCli, NomeCli, CNPJCli, TotalNota);
- Vendas(NroNF, CodM, Qdade, TotalVenda);
- Mercadorias (CodM, Descricao, Preco).

4. Conclusão

Neste capítulo, apresentamos diversos conceitos que serão úteis no decorrer deste livro. Falamos sobre projetos de bancos de dados e todos os seus conceitos envolvidos.

Sabemos que o objetivo deste livro é apresentar os comandos básicos mais utilizados da linguagem SQL. Para isto, utilizaremos os conceitos previamente apresentados e para realmente conseguirmos aprender e praticar a linguagem SQL a partir do próximo capítulo.

5. Exercícios Propostos

Neste tópico, apresentamos alguns exercícios propostos. Eles são de grande importância para fixação do conhecimento apresentado neste capítulo. No final deste livro, você terá as respostas destes exercícios para comparar com as suas e efetuar as devidas correções e/ou validações de suas respostas.

1. Defina superchave, chave candidata, chave primária e chave estrangeira.
2. Defina redundância.
3. Defina inconsistência.

4. Um sistema de contas a pagar e a receber, em geral, consiste nas seguintes funcionalidades:

- Cadastro de Clientes: consiste em cadastrar todos os dados relativos a clientes, tais como: nome, endereço, telefone, CPF, RG, CNPJ, inscrição estadual.

- Cadastro de Fornecedores: consiste em cadastrar todos os dados relativos a fornecedores, tais como: nome, endereço, telefone, CPF, RG, CNPJ, inscrição estadual.

- Cadastro de Contas a Pagar: precisa armazenar dados relativos às contas a pagar, tais como, data prevista para o pagamento, valor da conta a pagar, juros, multa, desconto.

- Cadastro de Contas a Receber: precisa armazenar dados relativos às contas a receber, tais como, data prevista para o recebimento, valor da conta a receber, juros, multa, desconto.

- Cadastro de Pagamento de Contas: visa armazenar dados relativos aos pagamentos de contas a pagar previamente cadastradas. Assim, precisaremos informar a conta que está sendo paga, o valor do pagamento, juros, multa, desconto e a data efetiva do pagamento.

- Cadastro de Recebimento de Contas: visa armazenar dados relativos aos recebimentos de contas a receber previamente cadastradas. Assim, precisaremos informar a conta que está sendo recebida, o valor do recebimento, juros, multa, desconto e a data efetiva do recebimento.

O escopo deste exercício resume-se a armazenar dados relativos a contas a pagar e a receber, da seguinte forma: um cliente cadastrado com seus dados pessoais gera contas a receber para a empresa e posteriormente será registrado o recebimento das contas. Um fornecedor devidamente cadastrado com seus dados gera contas a pagar para a empresa e posteriormente será registrado o pagamento das contas.

Desta forma, neste exercício não se deve abordar compras e vendas para que você possa se concentrar nas contas a pagar e receber, nos pagamentos e recebimentos.

A partir desta pequena definição das regras de negócio em questão, modele o banco de dados.

Capítulo 3

Criação e Manutenção de Bancos de Dados

1. Objetivos do Capítulo

Neste capítulo, o objetivo principal é a apresentação de comandos SQL para criação e manutenção de bancos de dados. Assim, ao final, espero que você consiga executar todos os passos necessários para:

- Criação de Bancos de Dados
- Remoção de Bancos de Dados

Todos estes pontos serão apresentados com base em exemplos práticos, que podem ser executados por você juntamente com a leitura do capítulo.

2. Criação e Manutenção de Bancos de Dados

Neste tópico, iremos abordar a criação e manutenção de um banco de dados.

a. Criação de Bancos de Dados

O primeiro tópico que iremos discorrer é a linguagem de definição de dados (DDL), que faz parte da linguagem SQL.

Para todos os comandos que iremos apresentar, utilizaremos o modelo de dados da figura 5 como exemplo, que trata de um modelo simples para um sistema de contas a pagar e receber, para melhor compreensão dos comandos. Além disso, com este modelo, você poderá praticar todo o conteúdo apresentado, fixando melhor os conceitos envolvidos.

O primeiro comando que precisamos detalhar desta linguagem é o comando para criação de banco de dados, que pode ser definido conforme o script 1, onde nome_db é o nome do banco de dados a ser criado.

Script 1 - Criação de Bancos de Dados

```
CREATE DATABASE <nome_db>;
```

Após a definição da sintaxe, utilizaremos os comandos SQL para criação do banco de dados e das tabelas do modelo de dados da figura 5. Este modelo de dados possui algumas particularidades que merecem ser comentadas. Inicialmente, o relacionamento entre as tabelas pessoa, física e jurídica é um relacionamento de generalização-especialização. Porém, na tabela pessoa existe um atributo tipopessoa, que irá armazenar um caractere, 'F' para física e 'J' para jurídica. A utilização deste atributo é muito perigosa, haja vista que a inserção deste caractere fica dependente do programador. Isto é muito perigoso. Entretanto, o modelo de dados em questão servirá como modelo exemplo para execução das nossas consultas SQL. Uma forma de minimizar este problema é na criação da tabela pessoa, informar que este atributo (tipopessoa) não pode receber valores nulos. Mas, mesmo assim, nada impede que este campo armazene outro valor além de 'F' e 'J'. Porém, cuidado ao efetuar seus modelos de dados.

Outra explicação que o modelo de dados da figura 5 merece é que a tabela tipologradouro não está relacionando com logradouro pelo simples fato de podermos ter em uma cidade um logradouro com o nome 'Getúlio Vargas', que é uma avenida e em outra cidade este mesmo logradouro é uma 'Rua'. Por isto optamos por criar o modelo de dados desta maneira. Entretanto, vale ressaltar que o melhor modelo para estes casos é a utilização de CEPs para todas estas definições. Não quisemos entrar nestas questões, pois o objetivo central do livro é tratar de SQL e não de modelagem de dados. Assuma o modelo de dados da figura 5 como um modelo de dados exemplo.

No script 2, apresentamos o comando SQL para criar o banco de dados com o nome de LivroSQL.

Script 2 - Criação do Banco de Dados LivroSQL

```
CREATE DATABASE LivroSQL;
```

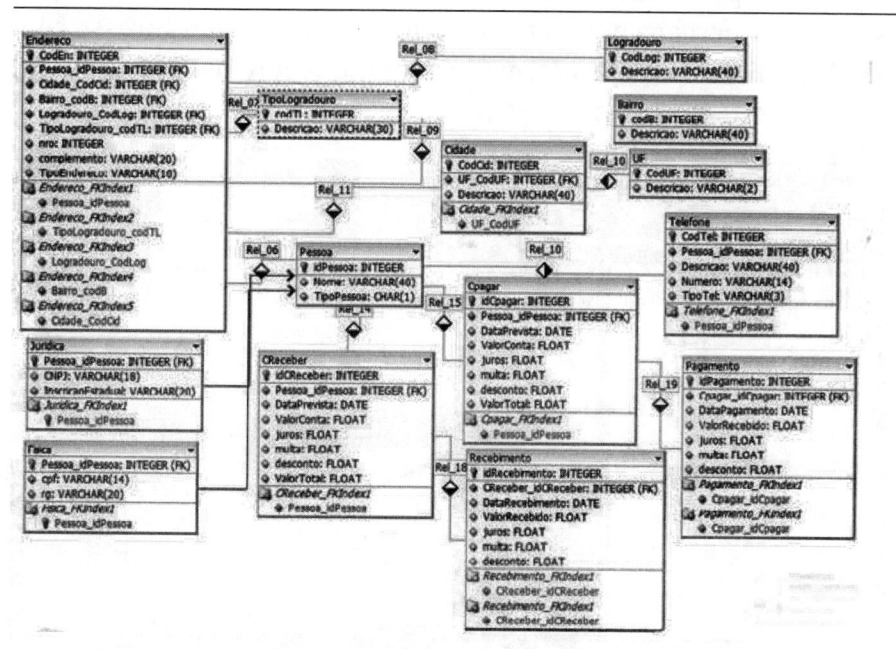

Figura 5 - Modelo de Dados Final para Pagamentos e Recebimentos

Para executar o comando de criação de tabelas utilizando o pdAdminIII, apresentado na figura 6, você precisará conectar inicialmente no banco de dados postgres (padrão), que após sua conexão, você poderá executar o comando a partir do aplicativo para execução de query que está circulado na figura 7 e que abrirá a janela representada na figura 8. A opção circulada na figura 8 executa o software pgAdminIII Query do PostgreSQL, que é um ambiente gráfico responsável por possibilitar aos usuários a criação e execução de consultas SQL nos bancos de dados.

Perceba, na figura 8, onde foi digitado o comando para criação do banco de dados LivroSQL. Para executar o comando, basta clicar na seta verde circulada em vermelho também na figura 8.

Na figura 9, você pode verificar que após a execução do comando, aparece na parte inferior o resultado e o tempo gasto na execução. Neste caso, perceba que o comando foi executado com sucesso com 3517 ms. Este tempo é informado em milissegundos.

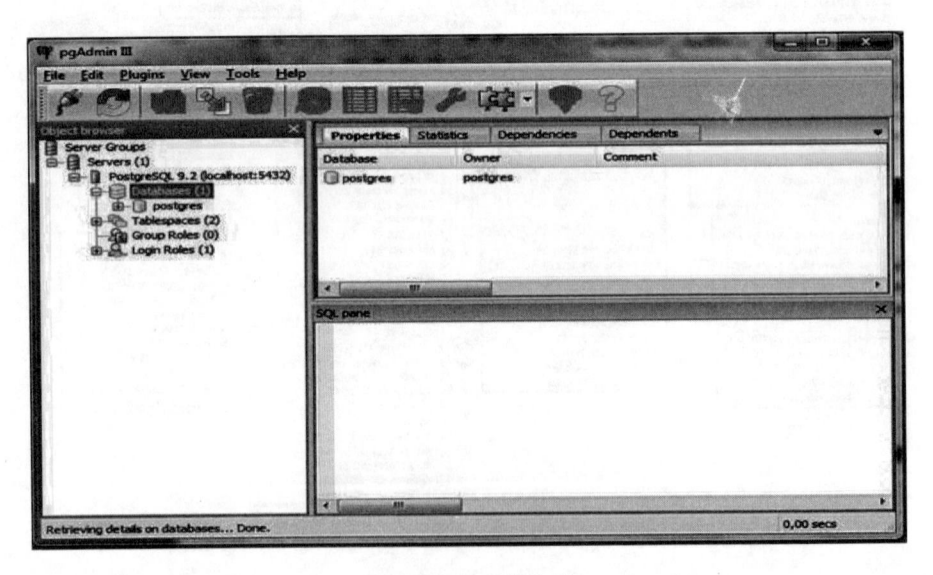

Figura 6 – pgAdminIII

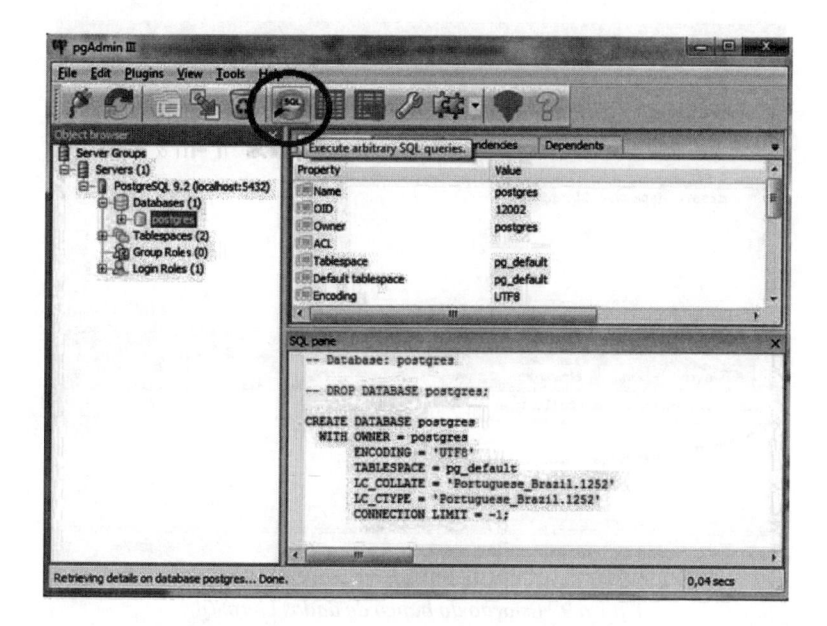

Figura 7 - pgAdminIII - Execução de Consultas

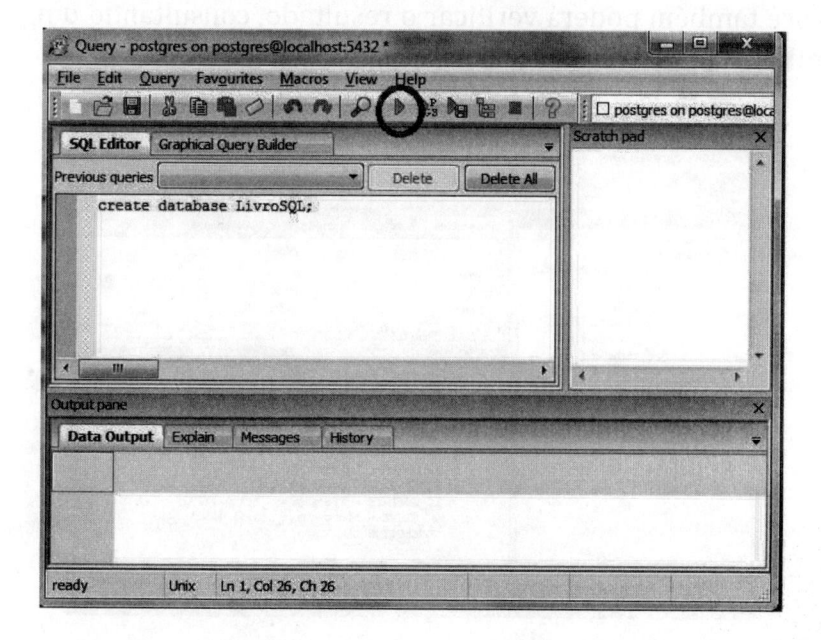

Figura 8 - pgAdminIII - escrevendo e executando consultas SQL

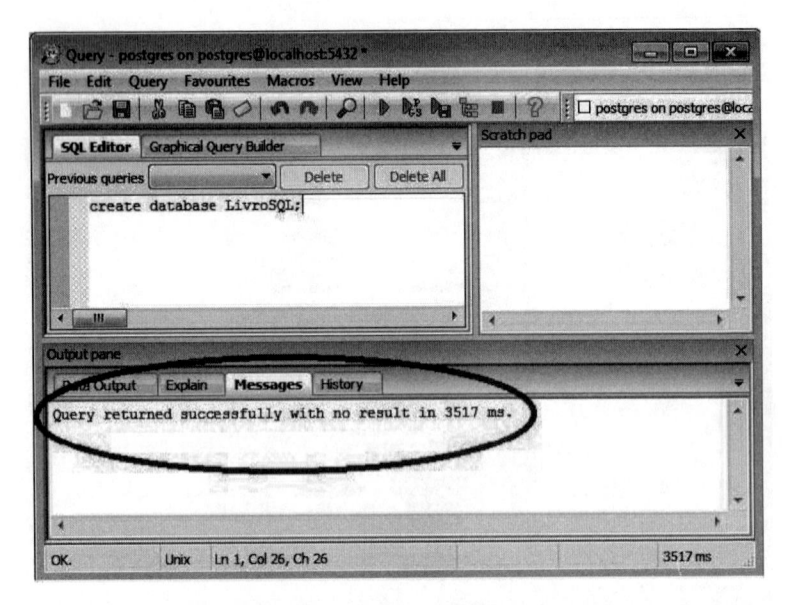

Figura 9 - Criação do banco de dados LivroSQL

Após a criação do banco de dados, conforme apresentado na figura 9, você também poderá verificar o resultado, consultando o pgAdminIII, conforme é apresentado na figura 10.

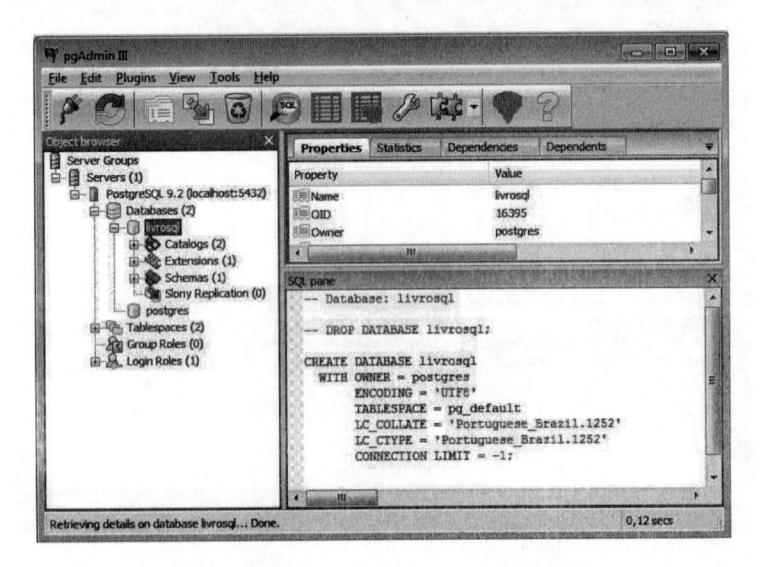

Figura 10 - Banco de dados LivroSQL criado

Caso você não tenha conseguido visualizar de imediato, basta clicar com o botão direito do mouse sobre databases e selecionar a opção refresh, que o banco de dados criado aparecerá.

Para exercitar a criação do banco de dados, sugiro que você crie outro banco de dados, com o nome de BancoModelo. Após a criação deste novo banco de dados, iremos utilizá-lo para aprender um novo conceito, que é o de remoção de bancos de dados. Para relembrar o comando, ele é apresentado no script 3. O novo banco de dados criado pode ser visualizado na figura 11.

Script 3 - Criação do Banco de Dados BancoModelo

```
CREATE DATABASE BancoModelo;
```

Parece estranho pensar em remover um banco de dados já criado, mas isto pode acontecer em diversas situações, desde um erro na criação inicial até a não necessidade de se possuir aquele banco de dados em um determinado servidor, por exemplo.

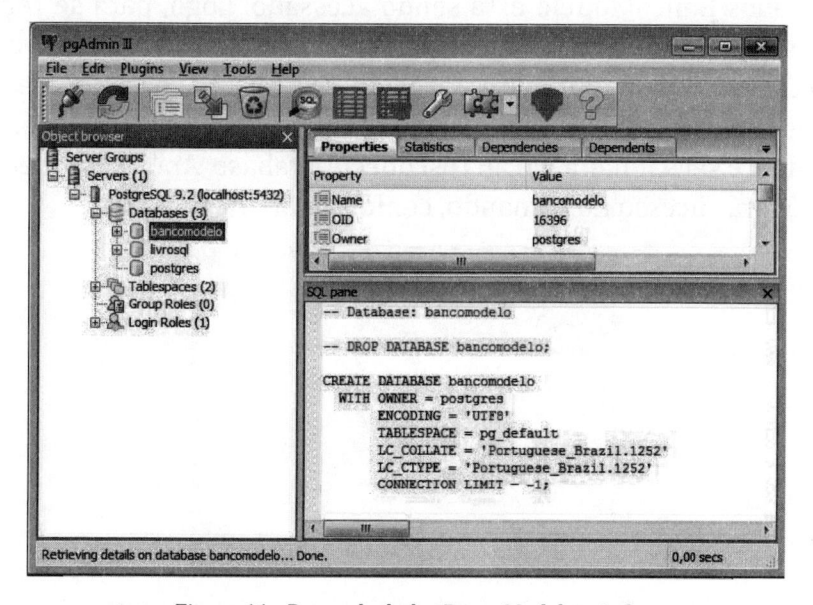

Figura 11 - Banco de dados BancoModelo criado

b. Remoção de Bancos de Dados

O segundo tópico a ser apresentado é a remoção de bancos de dados. A sintaxe para remover um banco de dados é apresentada no script 4, onde nome_db é o nome do banco de dados a ser removido.

Script 4 - Remoção de Bancos de Dados

```
DROP DATABASE <nome_db>;
```

Para exemplificar, vamos utilizar o banco de dados de nome BancoModelo criado anteriormente para treinarmos o comando de remoção deste banco de dados. O comando é apresentado no script 5.

Script 5 - Remoção do banco de dados BancoModelo

```
DROP DATABASE BancoModelo;
```

Perceba na figura 12, que o comando, mesmo estando correto pode resultar em um erro. Neste caso, o erro apresentado é que o banco de dados BancoModelo está sendo acessado. Logo, para se remover um banco de dados, não se pode ter nenhuma conexão ativa. Se você tiver conectado nele através do pgAdminIII, basta acessar o banco de dados, clicar com o botão direito do mouse sobre o Banco-Modelo e selecionar a opção Disconect Database. Após desconectar, você terá sucesso no comando, conforme figura 13.

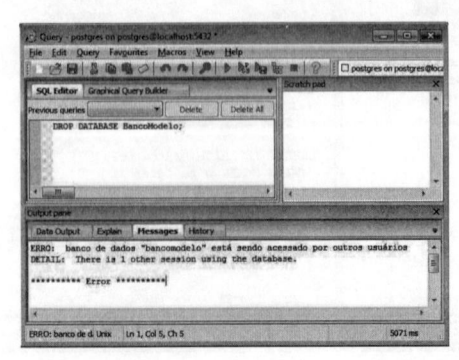

Figura 12 - Remoção do banco de dados BancoModelo com erro

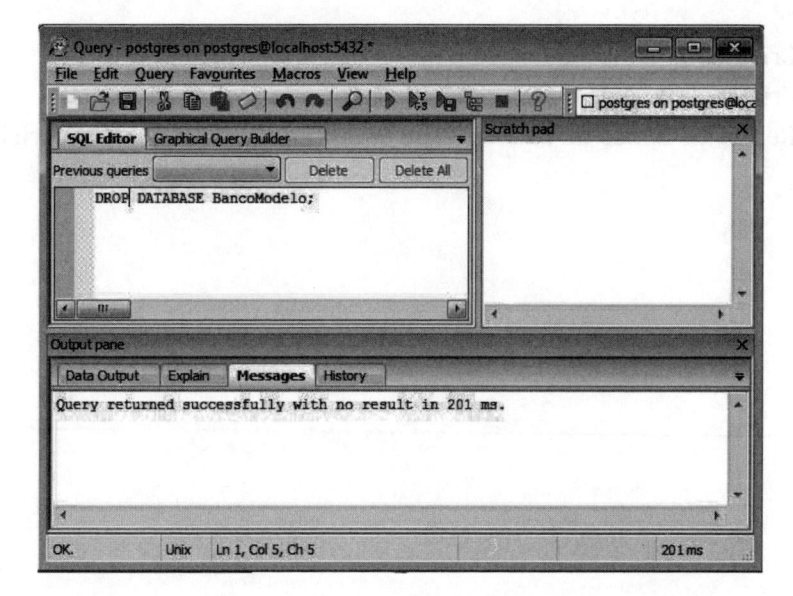

Figura 13 - Remoção do banco de dados BancoModelo com sucesso

Assim, você aprendeu mais um conceito, que é o de remoção de bancos de dados.

3. Conclusão

Neste capítulo, apresentamos os comandos SQL para criação e re-moção de bancos de dados, dando opções para você praticá-los no decorrer de sua leitura. Caso tenha ficado alguma dúvida, fique a vontade em retomar a leitura deste capítulo e refazer todos os co-mandos apresentados.

4. Exercícios Propostos

Neste tópico, apresentamos alguns exercícios propostos. Eles são de grande importância para fixação do conhecimento apresentado neste capítulo. No final deste livro, você terá as respostas destes exercícios para comparar com as suas e efetuar as devidas corre-ções e/ou validações de suas respostas.

1. Crie um banco de dados com nome de PrimeiroExercicio.
2. Crie um banco de dados com nome de SegundoExercicio.
3. Remova o banco de dados criado com o nome de SegundoExercicio.

Capítulo 4

Criação e Manutenção de Tabelas

1. Objetivos do Capítulo

Neste capítulo, o objetivo principal é a apresentação de comandos SQL para criação e manutenção de tabelas em um banco de dados. Assim, ao final, espero que você consiga executar todos os passos necessários para:

1. Criação de tabelas em um banco de dados
2. Alteração de tabelas em um banco de dados
3. Remoção de tabelas em um banco de dados

Todos estes pontos serão apresentados com base em exemplos práticos, que podem ser executados por você juntamente com a leitura do capítulo.

2. Criação e Manutenção de Tabelas

Neste tópico iremos abordar com exemplos os conceitos e scripts SQL relacionados à criação e manutenção de tabelas em um determinado banco de dados.

a. Criação de Tabelas

Neste tópico, iremos tratar os comandos de criação de tabelas em um determinado banco de dados. O comando básico é CREATE TABLE, cujo comando padrão está apresentado no script 6. Para melhor compreensão do comando, seguem as instruções:

- Nome_tabela indica o nome da tabela a ser criada;
- Nome_atributo1...Nome_atributoN, são os atributos da tabela a ser criada;
- Tipo_Dados1....Tipo_DadosN, são os tipos de dados de cada um dos atributos da tabela a ser criada;
- Atributo_chave é o nome do atributo chave primária da tabela a ser criada;
- Atributo_chave_estrangeira é o atributo da tabela a ser criada, que é chave estrangeira, fazendo referência a outra tabela;
- Tabela_referenciada é a tabela cuja chave estrangeira faz referência;
- NOT NULL é o comando que identifica se o atributo pode receber valores nulos ou não.

Script 6 - Criação de Tabelas em Bancos de Dados

```
CREATE TABLE <Nome_tabela> (
     <Nome_atributo1>   <Tipo_Dados1> [NOT NULL],
     <Nome_atributo2>   <Tipo_Dados2> [NOT NULL],
     ....
     <Nome_atributoN>   <Tipo_DadosM> [NOT NULL],
PRIMARY KEY (Atributo_chave),
FOREIGN KEY (Atributo_chave_estrangeira) REFERENCES < Tabela_
referenciada>);
```

Podemos verificar no modelo de dados da figura 5, a existência das seguintes tabelas:

- **Endereço:** responsável por manter o cadastro de endereços;
- **Bairro:** responsável por manter o cadastro de bairros;
- **Cidade:** responsável por manter o cadastro de cidades;
- **CPagar:** responsável por manter o cadastro de contas a pagar;
- **CReceber:** responsável por manter o cadastro de contas a receber;
- **Fisica:** responsável por manter o cadastro de pessoas físicas, especializando da tabela Pessoa;

- **Juridica:** responsável por manter o cadastro de pessoas jurídicas, especializando da tabela Pessoa;
- **Logradouro:** responsável por manter o cadastro de logradouros;
- **Pagamento:** responsável por manter o cadastro de pagamentos de uma determinada conta a pagar;
- **Pessoa:** responsável por manter o cadastro generalizado de pessoas;
- **Recebimento:** responsável por manter o cadastro de recebimentos de uma determinada conta a receber;
- **TipoLogradouro:** responsável por manter o cadastro de tipos de logradouros;
- **Telefone:** responsável por manter o cadastro de telefones;
- **UF:** responsável por manter o cadastro de Unidades da Federação.

Desta forma, iremos criar todas estas tabelas no PostgreSQL. Para iniciarmos a criação das tabelas, podemos selecionar a opção marcada na figura 7, para execução de consultas.

Antes de começarmos a criar as tabelas, devemos verificar que a ordem de criação das tabelas deve partir das tabelas que não possuem chaves estrangeiras. No decorrer deste livro explicaremos melhor este detalhe, que podem gerar erros ao criar algumas tabelas de um determinado modelo de dados.

Desta forma, iremos criar inicialmente a tabela Pessoa. Observe na figura 5 que a tabela Pessoa possui os atributos idPessoa, Nome, TipoPessoa e que idPessoa é a chave primária. Assim, o código SQL para criação desta tabela está descrito no script 7. Perceba que a tabela Pessoa não possui chave estrangeira e, por isto, o comando FOREIGN KEY apresentado anteriormente não é utilizado. Utilizamos o comando NOT NULL para a chave primária, pois sabemos que as chaves primárias não podem receber valores nulos e estes valores também não podem se repetir, ou seja, são únicos. Podemos utilizar o NOT NULL para qualquer atributo, desde que o mesmo não possa receber valores nulos, por exemplo, o campo Nome.

Script 7 - Criação da tabela Pessoa

```
CREATE TABLE PESSOA (
idPessoa Integer NOT NULL,
        Nome varchar(40),
        TipoPessoa char(1),
        PRIMARY KEY(idPessoa));
```

Para criar esta tabela, iremos digitar o código do script 7 no software pgAdminIII Query e executar este comando, como pode ser visto na figura 14.

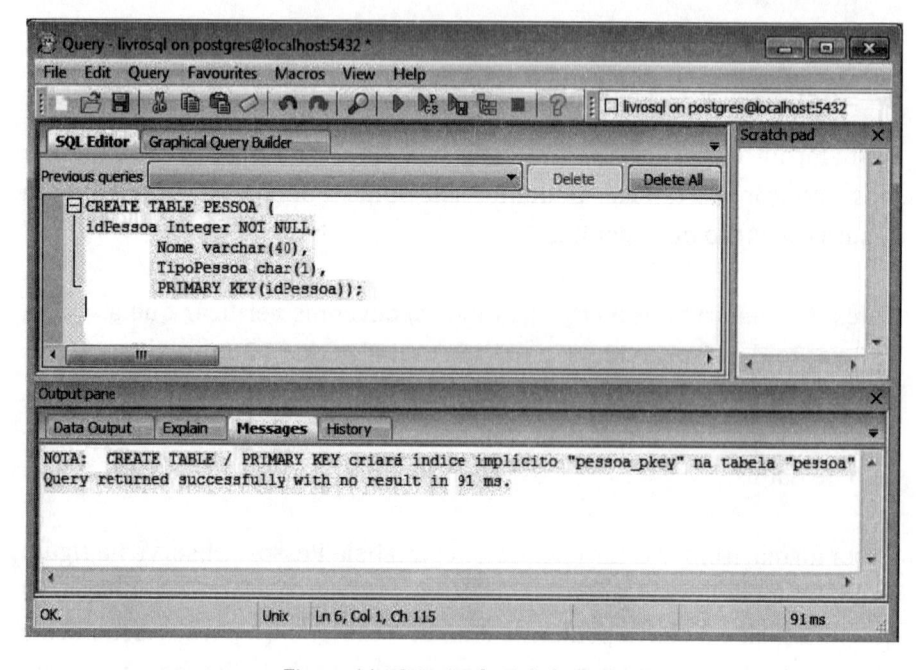

Figura 14 - Criação da Tabela Pessoa

Veja que, após criar a tabela, é exibida uma mensagem informando que os comandos foram executados com sucesso. Caso aconteça algum erro, também será exibida uma mensagem de erro para tal. Nestes casos, trataremos algumas mensagens no decorrer deste livro.

Para melhor visualizar o resultado da criação da tabela Pessoa, podemos acessar o pgAdminIII, acessando o banco de dados LivroSQL que criamos. Posteriormente, clique na opção de expansão do conteúdo do banco de dados LivroSQL e, posteriormente, abrirá uma série de opções, onde neste momento é importante para nós acessarmos a opção schemas, também expandindo-a, depois expandindo public e, após esta última expansão, você visualizará uma opção chamada Tables e verificará que tem um número um entre parênteses na frente de Tables. Isto significa que o banco de dados LivroSQL possui uma tabela criada. Para verificar qual tabela foi criada, basta selecionar esta opção tables e fazer sua expansão. Você visualizará a tabela Pessoa. Para saber mais detalhes sobre a tabela Pessoa, também é necessário clicar na opção para expandir. Assim, você visualizará as propriedades desta tabela. Algumas delas iremos falar nos próximos capítulos e não é necessário nos preocuparmos neste momento. Porém, você pode perceber que existem três colunas criadas. Se quiser saber quais foram as colunas criadas, basta expandir a opção Columns que você visualizará os campos idPessoa, nome, tipopessoa. Se você clicar em qualquer um destes três atributos, você visualizará as propriedades dele, conforme apresentado na figura 15.

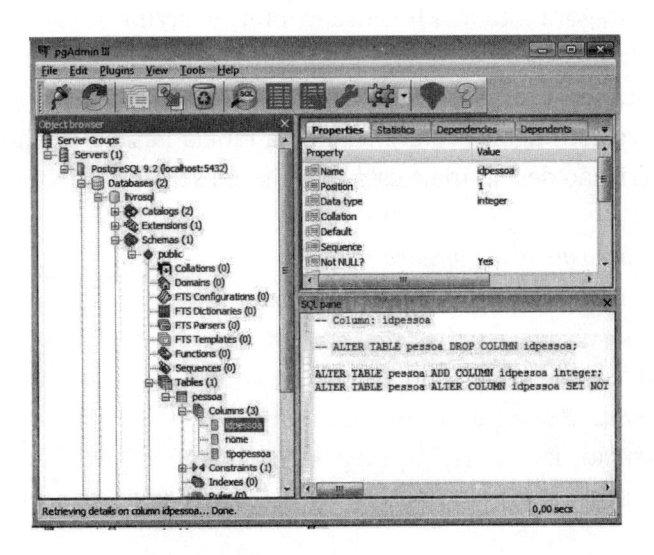

Figura 15 - Tabela Pessoa Criada no banco de dados LivroSQL

Da mesma forma que fizemos com o código SQL do script 7, criaremos agora a tabela Fisica, de acordo com o script 8. Repare na figura 5 que a tabela Fisica possui os atributos Pessoa_idPessoa, CPF e RG. Verificamos também que Pessoa_idPessoa é a chave primária e também é chave estrangeira referenciando o atributo idPessoa da tabela Pessoa. Assim, o código SQL para criação desta tabela está descrito no script 8.

Script 8 - Criação da tabela Fisica

```
CREATE TABLE FISICA (
       Pessoa_idPessoa Integer NOT NULL,
       CPF varchar(14),
       RG varchar(20),
       PRIMARY KEY (Pessoa_idPessoa),
       FOREIGN KEY (Pessoa_idPessoa) REFERENCES PESSOA (idPes-
soa));
```

Assim como na criação da tabela Pessoa, iremos executar este comando para criação da tabela Fisica.

Definiremos agora a tabela Juridica, conforme script 9. Veja na Figura 5 que a tabela possui os atributos Pessoa_idPessoa, CNPJ e InscricaoEstadual. Verificamos também que Pessoa_idPessoa é a chave primária e também é chave estrangeira referenciando a tabela Pessoa. Assim, o código SQL para criação desta tabela está descrito no script 9.

Script 9 - Criação da tabela Juridica

```
CREATE TABLE JURIDICA (
       Pessoa_idPessoa Integer NOT NULL,
       CNPJ varchar(18),
       InscricaoEstadual varchar(20),
       PRIMARY KEY (Pessoa_idPessoa),
       FOREIGN KEY (Pessoa_idPessoa) REFERENCES PESSOA (idPes-
soa));
```

Vamos criar agora a tabela Cidade. Veja na Figura 5 que a tabela Cidade possui os seguintes atributos: CodCid, UF_CodUF e Descricao. No script 10, apresentamos o código SQL para criação da referida tabela.

Script 10 - Criação da tabela Cidade

```
CREATE TABLE CIDADE (
    CodCid Integer NOT NULL,
    UF_CodUF Integer,
    Descricao varchar(40),
    PRIMARY KEY (CodCid),
    FOREIGN KEY (UF_CodUF) REFERENCES UF(codUF));
```

Repare que, nesta tabela, existe o atributo UF_CodUF que é chave estrangeira referenciando o atributo codUF da tabela UF. Assim, se tentarmos criar a tabela Cidade antes de criarmos a tabela UF, teremos um erro, pois o SGBD não irá encontrar a tabela UF para fazer a referência da chave estrangeira. A mensagem de erro que é apresentada é que a relação (tabela) UF não existe. Este erro é encontrado devido ao referenciamento entre as tabelas. Podemos verificar este erro na figura 16. Entretanto, se criarmos a tabela UF (script 11) primeiro, e depois criarmos a tabela Cidade (script 10) não teremos problemas.

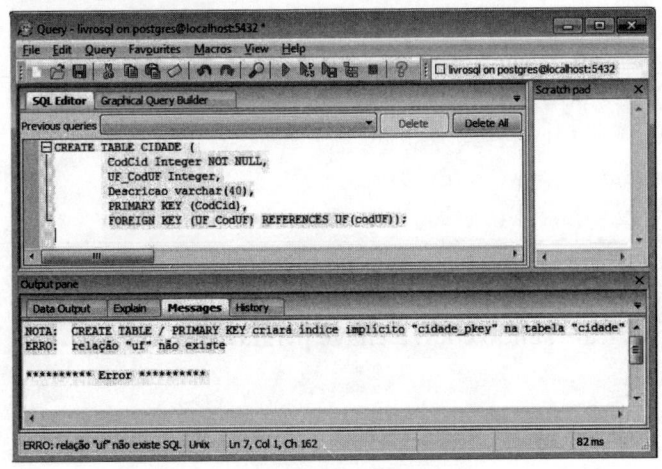

Figura 16 - Erro na criação da Tabela Cidade

Desta forma, para que o erro não aconteça, vamos criar a tabela UF, script 11, para depois criarmos a tabela Cidade do script 10.

Script 11 - Criação da tabela UF

```
CREATE TABLE UF (
        codUF Integer NOT NULL,
        Descricao varchar(2),
        PRIMARY KEY (codUF));
```

Dando sequência, definiremos as outras tabelas da Figura 5.
No script 12, criamos a tabela TipoLogradouro, com os atributos codTL e Descricao, sendo codTL a chave primária.

Script 12 - Criação da tabela TipoLogradouro

```
CREATE TABLE TIPOLOGRADOURO (
        codTL Integer NOT NULL,
        Descricao varchar(30),
        PRIMARY KEY (codTL));
```

No script 13, criamos a tabela Logradouro, com os atributos codLog e Descricao, sendo codLog a chave primária.

Script 13 - Criação da tabela Logradouro

```
CREATE TABLE LOGRADOURO (
        codLog Integer NOT NULL,
        Descricao varchar(40),
        PRIMARY KEY (codLog));
```

Da mesma forma, no script 14, criamos a tabela Bairro, com os atributos codB e Descricao, sendo codB a chave primária.

Script 14 - Criação da tabela Bairro

```
CREATE TABLE BAIRRO (
    codB Integer NOT NULL,
    Descricao varchar(40),
    PRIMARY KEY (codB));
```

No script 15, criamos a tabela Endereco, com os atributos CodEn, Pessoa_idPessoa, Cidade_CodCid, Bairro_codB, Logradouro_CodLog, Tipo-Logradouro_codTL, nro, complemento e TipoEndereco, onde a chave primária é CodEn e Pessoa_idPessoa é chave estrangeira referenciando a tabela Pessoa, Cidade_CodCid é chave estrangeira referenciando a tabela Cidade, Bairro_codB é chave estrangeira referenciando a tabela Bairro, Logradouro_CodLog é chave estrangeira referenciando a tabela Logradouro e TipoLogradouro_codTL é chave estrangeira referenciando a tabela TipoLogradouro. Desta forma, o endereço possuirá um código, uma chave estrangeira para apontar de quem é o endereço cadastrado, uma chave estrangeira para dizer de qual cidade é aquele endereço, uma chave estrangeira para dizer de qual bairro é aquele endereço e o logradouro propriamente dito, com seu número e complemento. O endereço também possuirá uma chave estrangeira que irá informar o tipo de logradouro que este endereço possui, por exemplo, rua, avenida, praça, dentre outros, e o tipo de endereço, que irá armazenar se o referido endereço é residencial, comercial ou cobrança, por exemplo.

Script 15 - Criação da tabela Endereco

```
CREATE TABLE ENDERECO (
        CodEn Integer NOT NULL,
        Pessoa_idPessoa Integer,
        Cidade_CodCid Integer,
        Bairro_codB Integer,
        Logradouro_CodLog Integer,
        TipoLogradouro_codTL Integer,
        nro Integer,
        complemento varchar(20),
        TipoEndereco varchar(10),
        PRIMARY KEY (CodEn),
        FOREIGN KEY (Pessoa_idPessoa) REFERENCES PESSOA (idPessoa),
        FOREIGN KEY (Cidade_CodCid) REFERENCES CIDADE (CodCid),
        FOREIGN KEY (Bairro_CodB) REFERENCES BAIRRO (codB),
        FOREIGN KEY (Logradouro_CodLog) REFERENCES LOGRADOURO (CodLog),
        FOREIGN KEY (TipoLogradouro_codTL) REFERENCES TIPOLOGRA-
DOURO (codTL));
```

No script 16, criamos a tabela Telefone, com os atributos CodTel, Pessoa_idPessoa, Descricao, numero, Tipotel, onde a chave primária é CodTel e Pessoa_idPessoa é chave estrangeira referenciando a tabela Pessoa, que será responsável por informar de qual pessoa é o referido telefone. O atributo Tipotel é responsável por informar se o referido telefone é residencial, comercial ou celular, por exemplo.

Script 16 - Criação da tabela Telefone

```
CREATE TABLE TELEFONE (
        CodTel Integer NOT NULL,
        Pessoa_idPessoa Integer,
        Descricao varchar(40),
        numero varchar(14),
        tipotel varchar(3),
        PRIMARY KEY(CodTel),
        FOREIGN KEY (Pessoa_idPessoa) REFERENCES PESSOA (idPessoa));
```

No script 17, criamos a tabela CPagar, que irá armazenar as contas a pagar. Esta tabela possui os atributos idCpagar, Pessoa_idPessoa, DataPrevista, ValorConta, Juros, multa, desconto, ValorTotal, onde a chave primária é idCpagar e Pessoa_idPessoa é chave estrangeira referenciando a tabela Pessoa, que será responsável por informar de qual pessoa é a referida conta a pagar.

Script 17 - Criação da tabela CPagar

```
CREATE TABLE CPAGAR (
      idCpagar Integer NOT NULL,
      Pessoa_idPessoa Integer,
      DataPrevista DATE,
      ValorConta FLOAT,
      juros FLOAT,
      multa FLOAT,
      desconto FLOAT,
      ValorTotal FLOAT,
      PRIMARY KEY(idCpagar),
      FOREIGN KEY(Pessoa_idPessoa) REFERENCES
PESSOA(idPessoa));
```

No script 18, criamos a tabela Pagamento, que irá armazenar os pagamentos das contas a pagar, ou seja, uma conta a pagar irá gerar um pagamento. Esta tabela possui os atributos idpagamento, Cpagar_idCpagar, DataPagamento, ValorRecebido, Juros, multa, desconto, onde a chave primária é idPagamento e Cpagar_idCpagar é chave estrangeira referenciando a tabela CPagar.

Script 18 - Criação da tabela Pagamento

```
CREATE TABLE PAGAMENTO (
        idPagamento INteger NOT NULL,
        Cpagar_idCpagar Integer,
        DataPagamento DATE,
        ValorRecebido FLOAT,
        juros FLOAT,
        multa FLOAT,
        desconto FLOAT,
        PRIMARY KEY(idPagamento),
        FOREIGN KEY (Cpagar_idCpagar) REFERENCES CPAGAR (idCpa-
gar));
```

No script 19, criamos a tabela CReceber, que irá armazenar as contas a receber. Esta tabela possui os atributos idCreceber, Pessoa_idPessoa, DataPrevista, ValorConta, Juros, multa, desconto, ValorTotal, onde a chave primária é idCReceber e Pessoa_idPessoa é chave estrangeira referenciando a tabela Pessoa, que será responsável por informar de qual pessoa é a referida conta a receber.

Script 19 - Criação da tabela CReceber

```
CREATE TABLE CRECEBER (
        idCReceber Integer NOT NULL,
        Pessoa_idPessoa Integer,
        DataPrevista DATE,
        ValorConta FLOAT,
        juros FLOAT,
        multa FLOAT,
        desconto FLOAT,
        ValorTotal FLOAT,
        PRIMARY KEY(idCReceber),
        FOREIGN KEY(Pessoa_idPessoa) REFERENCES
PESSOA(idPessoa));
```

No script 20, criamos a tabela Recebimento, que irá armazenar os recebimentos de uma conta a receber, armazenado na tabela CReceber, ou seja, uma conta a receber irá gerar um recebimento. Esta tabela possui os atributos idRecebimento, CReceber_idCReceber, DataRecebimento, ValorRecebido, Juros, multa, desconto, onde a chave primária é idRecebimento e CReceber_idCReceber é chave estrangeira referenciando a tabela CReceber.

Script 20 - Criação da tabela Recebimento

```
CREATE TABLE RECEBIMENTO (
        idRecebimento INteger NOT NULL,
        CReceber_idCReceber Integer,
        DataRecebimento DATE,
        ValorRecebido FLOAT,
        juros FLOAT,
        multa FLOAT,
        desconto FLOAT,
        PRIMARY KEY(idRecebimento),
        FOREIGN KEY (CReceber_idCReceber) REFERENCES CRECEBER
(idCReceber));
```

Na figura 17, apresentamos todas as tabelas criadas no PostgreSQL, após ter executado os códigos presentes nas listagens apresentadas neste livro. Logo, todo o modelo de dados da Figura 5 já teve suas tabelas criadas no banco de dados LivroSQL.

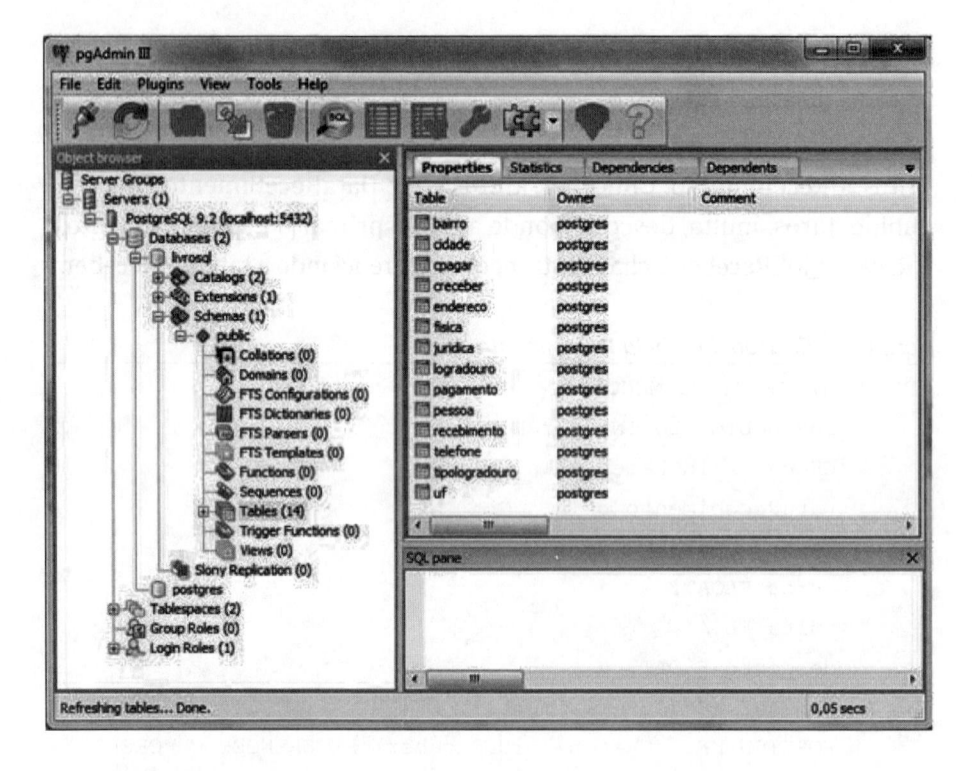

Figura 17 - Tabelas do modelo de dados da Figura 1 criadas no PostgreSQL

b. Alteração de Tabelas

Neste tópico, abordaremos os comandos SQL para alteração de tabelas de um determinado modelo de dados. Na figura 18, verificamos a tabela Pessoa, que iremos utilizar para apresentação dos exemplos. Esta tabela pessoa possui os seguintes atributos:

- **idPessoa:** armazena o código da pessoa, que será a chave primária;
- **Nome:** armazena o nome da pessoa;
- **TipoPessoa**: armazena a informação se esta pessoa é uma pessoa física ou jurídica.

Figura 18 - Tabela Pessoa

Após criar as tabelas em um banco de dados (neste livro utilizamos o modelo de dados da Figura 5), podemos precisar fazer alguma manutenção nestas tabelas, podendo alterar ou remover atributos, alterar tipos de dados, renomear e remover tabelas, adicionar e remover chave primária, adicionar e remover chave estrangeira.

Para alterar as definições de uma tabela, utilizamos o comando ALTER TABLE, que está definido no script 21. Onde:

- **Nome_tabela:** indica o nome da tabela a ser alterada;
- **Ação pode ser:**
  - **Renomear Atributo:** RENAME Nome_Atributo *column* TO Novo_Nome_Atributo;
  - **Renomear Tabela:** RENAME TO Novo_Nome_Tabela
  - **Adicionar Atributos:** ADD Atributo Tipo_de_Dados
  - **Remover Atributos:** DROP Atributo [RESTRICT | CASCADE]
  - **Alterar tipo de dados de um atributo:**
    - ALTER [COLUMN] *column* TYPE *type* [USING *expression*]
    - DROP CONSTRAINT *constraint_name* [RESTRICT | CASCADE]

Script 21 - Comando de Alteração de Tabelas

```
ALTER TABLE Nome_tabela
    Ação;
```

Alterar Tabela: Renomeando um Atributo

Conforme o comando para alterar tabelas apresentado no script 21 e a tabela apresentada na figura 18, apresentamos no script 22 um exemplo para renomear o atributo idPessoa para codigoPessoa.

Script 22 - Alterar Tabela Renomeando um Atributo

```
ALTER TABLE Pessoa
    RENAME idPessoa TO codigoPessoa;
```

Desta forma que fizemos para a criação das tabelas e do banco de dados, podemos executar o comando do script 22 no pgAdminIII Query do Postgresql. Posteriormente, poderemos visualizar no PostgreSQL, na figura 19, que o referido atributo foi alterado com sucesso. Visualize a alteração na parte inferior direita da Figura 19.

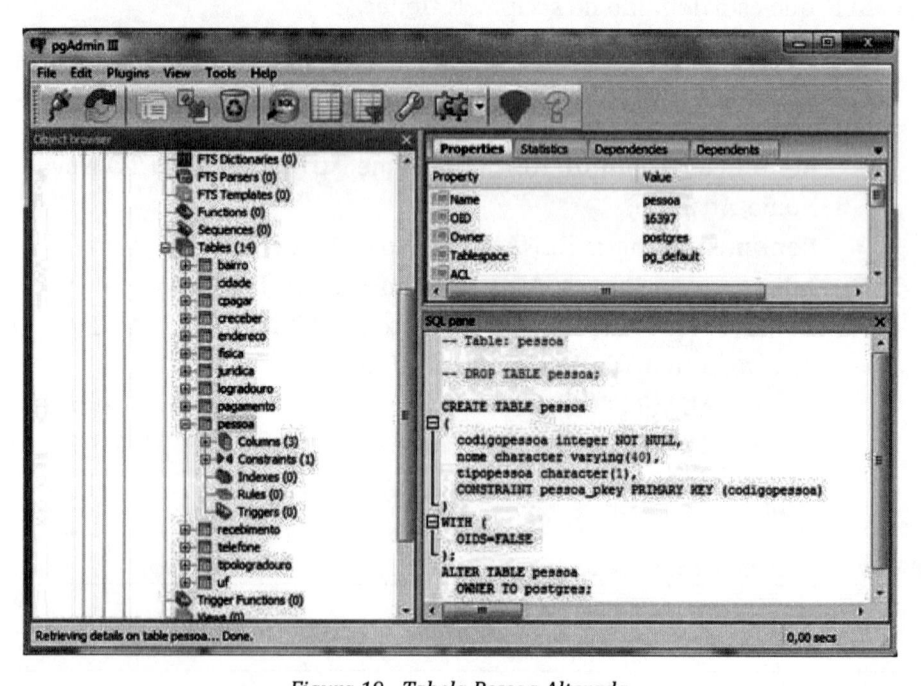

Figura 19 - Tabela Pessoa Alterada

Alterar Tabela: Renomeando uma Tabela

Utilizando a tabela apresentada na figura 18, apresentamos no script 23 o comando SQL para alteração da tabela para que ela seja renomeada de Pessoa para Cliente.

Script 23 - Alteração de tabelas, renomeação

```
ALTER TABLE Pessoa
    RENAME TO Cliente;
```

Veja na figura 20, que a tabela pessoa "não existe mais", mas existe uma "nova" tabela chamada cliente. Isto pelo simples fato de termos executado o comando do script 23, onde a tabela pessoa teve seu nome alterado para cliente.

Vale ressaltar que se alterarmos o nome de uma tabela e esta estiver sendo referenciada através de chaves estrangeiras, o próprio sistema gerenciador de bancos de dados promove a alteração em todas as referências automaticamente.

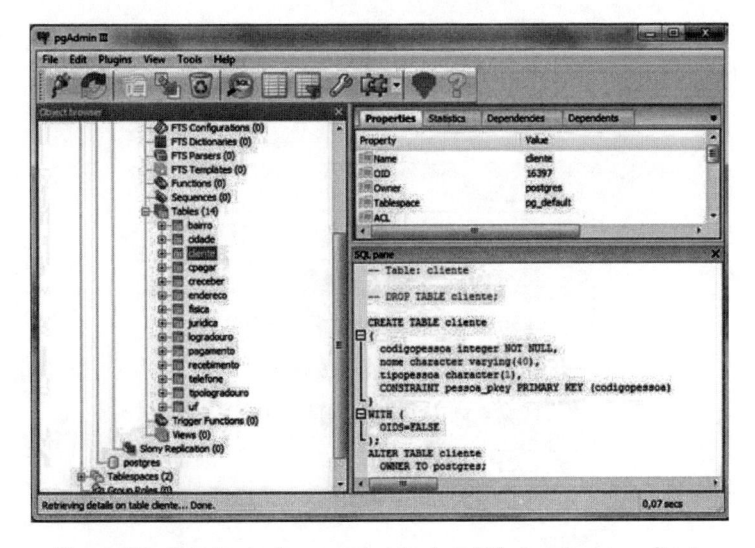

Figura 20 - Resultado da renomeação da tabela pessoa para cliente

Alterar Tabela: Adicionando Atributos

Da mesma forma, utilizando a tabela apresentada na Figura 14, apresentamos no script 24 o comando SQL para adicionar o atributo endereço na tabela Cliente. Lembrando que no script 23 alteramos o nome da tabela de Pessoa para Cliente.

Script 24 - Alteração de Tabelas, adicionando atributo

```
ALTER TABLE Cliente
    ADD endereco varchar(60);
```

E para adicionarmos mais de um atributo simultaneamente, podemos executar o comando do script 25, que adiciona os atributos Bairro e CEP.

Script 25 - Alteração de Tabelas, adicionando mais de um atributo simultaneamente

```
ALTER TABLE Cliente
    ADD Bairro varchar(40),
    ADD CEP varchar(10);
```

Após adicionar estes dois atributos, do script 25, a tabela cliente passa a ser a tabela apresentada na figura 21.

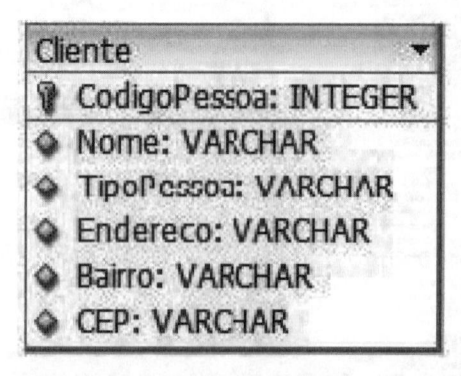

Figura 21 - Tabela Cliente com os Novos Atributos Adicionados

Alterar Tabela: Removendo Atributo

Para remover um atributo de uma determinada tabela, apresentamos no script 26 o comando SQL para remover o atributo Bairro na tabela Cliente.

Script 26 - Alteração de Tabelas, removendo um atributo

```
ALTER TABLE cliente
DROP Bairro;
```

E para removermos mais de um atributo simultaneamente, podemos executar o comando do script 27, que remove os atributos endereco e CEP da tabela Cliente.

Script 27 - Alteração de Tabelas, removendo mais de um atributo simultaneamente

```
ALTER TABLE Cliente
    DROP endereco,
    DROP CEP;
```

Após remover estes três atributos, um pelo código de script 26 e outros dois pelo script 27, a tabela cliente passa a ser a tabela apresentada na figura 18.

Alterar Tabela: Alterando o Tipo de Dados de um Atributo

Neste momento, apresentamos o comando SQL para alterar o tipo de dados de um determinado atributo de uma tabela. No script 28 o comando apresentado altera o tipo de dados do atributo nome da tabela Cliente para varchar(50). Repare que anteriormente este atributo possuía o tipo varchar(60). Mesmo tendo alterado apenas o tamanho do atributo, podemos utilizar este comando para alterar o tipo de dados também.

Script 28 - Alteração de Tipo de Dado de um Atributo

```
ALTER TABLE cliente
    ALTER COLUMN nome TYPE varchar(50);
```

Alterar Tabela: Removendo Chave Primária

Podemos perceber na figura 22 que, ao definir que o atributo codigopes-soa é chave primária, foi criado uma CONSTRAINT com o nome pessoa_pkey nesta tabela. Sabemos que uma CONSTRAINT é uma restrição que criamos para algum atributo de uma determinada tabela. Esta restrição pode ser de chave primária na qual os registros dos atributos não podem se repetir. Outro tipo de restrição que podemos ter é de chave estrangeira, que faz a validação se o valor a ser inserido no referido registro existe na tabela em que está sendo feita a referência. Existem outros tipos de res-trições que ao longo deste livro iremos abordar. Por ora, as restrições de chave primária e estrangeira são suficientes para a explicação dos temas abordados.

Assim, para removermos a chave primária, precisamos remover esta CONSTRAINT. O comando para esta atividade é apresentado no script 29.

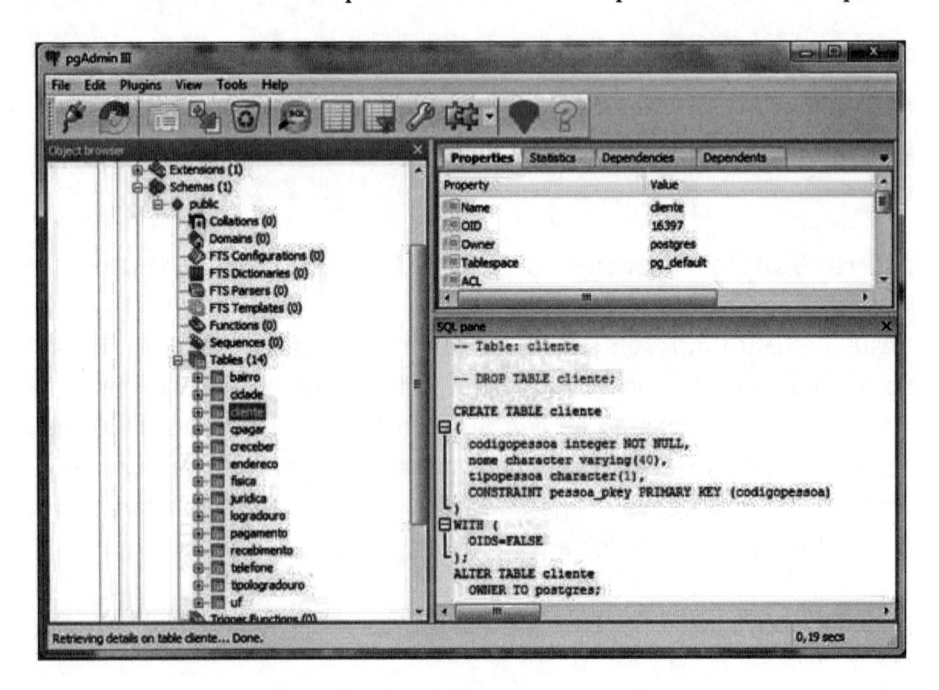

Figura 22 - Chave Primária Tabela Cliente

Script 29 - Alteração de Tabelas - Removendo Chave Primária

```
ALTER TABLE fisica
   DROP CONSTRAINT fisica_pkey
```

Após a execução do comando apresentado no script 29, a tabela cliente ficará sem chave primária.

Alterar Tabela: Adicionando Chave Primária

No script 29, removemos a chave primária da tabela Cliente para exemplificarmos a funcionalidade de remoção de CONSTRAINT. Porém, caso seja necessário adicionar uma chave primária, poderemos alterar a tabela em questão utilizando o comando do script 30.

Script 30 - Alteração de Tabelas - Inserindo Chave Primária

```
ALTER TABLE fisica
   ADD PRIMARY KEY(pessoa_idpessoa);
```

Após a execução do comando do script 30, a tabela cliente volta a ter a chave primária que foi removida anteriormente no script 29.

Alterar Tabela: Adicionando Chave Estrangeira

Na figura 23, apresentamos o modelo de dados envolvendo as tabelas Professor e Especialidade, no qual um professor tem apenas uma especialidade e cada especialidade pode ser de diversos professores. Para os exemplos utilizando este modelo de dados, seria conveniente você criar um novo banco de dados com o nome professor para dar sequência às atividades.

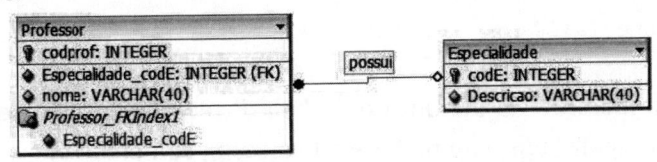

Figura 23 - Modelo de Dados Professor – Especialidade

Podemos criar as tabelas utilizando o comando CREATE TABLE apresentado nos scripts 31 e 32. Perceba que não criamos nenhuma chave estrangeira na tabela Professor com o intuito de apresentarmos a opção de alteração de tabelas para adicionar uma chave estrangeira. Isto, pois, sabemos que necessariamente neste relacionamento onde um professor possui neste modelo, uma especialidade e cada especialidade pode ser de vários professores. Assim a tabela professor necessita da chave estrangeira para referenciar a tabela especialidade.

Script 31 - Criação da Tabela Professor

```
CREATE TABLE Professor (
codprof integer not null,
nome varchar(40),
PRIMARY KEY(codprof));
```

Script 32 - Criação da Tabela Especialidade

```
CREATE TABLE Especialidade (
codE integer not null,
Descricao varchar(40),
PRIMARY KEY(codE));
```

Após a criação das tabelas, poderemos adicionar a chave estrangeira. Mas para que o relacionamento entre professor e especialidade ocorra é necessário que a tabela Professor possua um atributo que possa fazer este relacionamento. Dessa forma, no script 33 alteramos a tabela Professor adicionando o atributo Especialidade_CodE, que irá fazer este relacionamento.

Script 33 - Alteração na tabela professor, adicionando um atributo

```
ALTER TABLE PROFESSOR
   ADD Especialidade_codE integer not null;
```

Depois da inclusão do atributo na tabela Professor, iremos adicionar a chave estrangeira também na tabela Professor, conforme comando apresentado no script 34.

Script 34 - Alteração da Tabela Professor, inserindo uma chave estrangeira

```
ALTER TABLE PROFESSOR
   ADD FOREIGN KEY (Especialidade_codE) REFERENCES Especiali-
dade (codE);
```

Após a execução dos comandos (scripts 31, 32, 33 e 34) o modelo de dados da Figura 23 é criado fisicamente no PostgreSQL. Vale relembrar que após criar uma chave estrangeira, é criada uma CONSTRAINT no banco de dados em questão. Neste caso, é gerada a CONSTRAINT professor_especialidade_code_fkey, que fará a validação da integridade referencial entre as tabelas Professor e Especialidade, conforme você pode visualizar no código apresentado no canto inferior direito da figura 24.

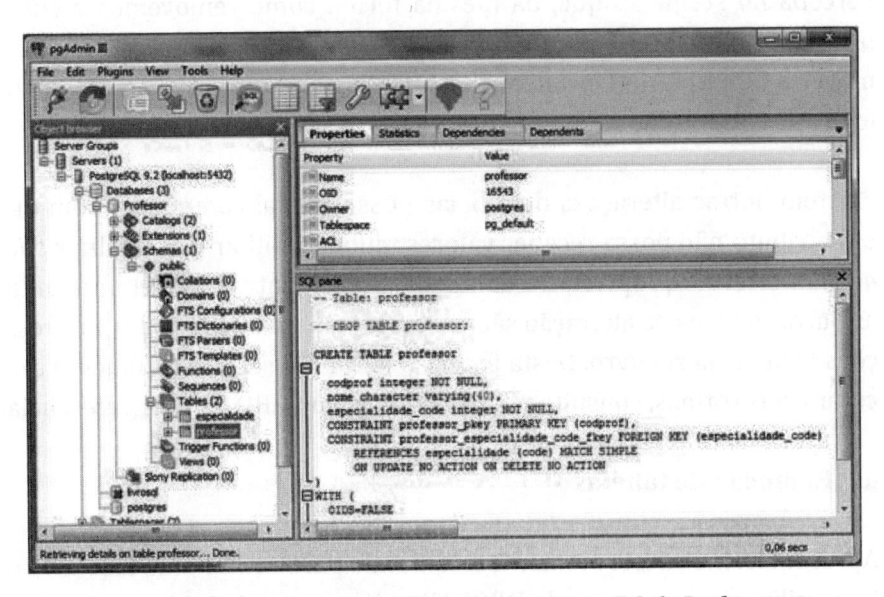

Figura 24 - Apresentação da Chave Estrangeira na Tabela Professor

Perceba também que, ao criar a chave estrangeira, como não foi definido nenhum critério, por default, foi informado que, neste caso, não haverá nenhuma ação nem na atualização (UPDATE NO ACTION) nem na remoção de dados (DELETE NO ACTION). Caso quiséssemos definir alguma ação, deveríamos ter feito no momento da inserção da chave estrangeira.

Alterar Tabela: Removendo Chave Estrangeira

Vamos supor que tenhamos criado indevidamente a chave estrangeira para a tabela Professor. Para excluir esta chave estrangeira, utilizamos o comando apresentado no script 35. Como você pode notar na figura 20, no canto inferior direito, a chave estrangeira da tabela professor é professor_especialidade_code_fkey.

Script 35 - Alteração de tabelas - Remoção de chave estrangeira

```
ALTER TABLE PROFESSOR
    DROP CONSTRAINT professor_especialidade_code_fkey;
```

Perceba no script 35 que, da mesma forma como removemos a chave primária no script 30, para remover a chave estrangeira precisamos remover a CONSTRAINT professor_especialidade_code_fkey, que foi criada logo após criar a chave estrangeira.

Existem outras alterações de tabelas possíveis, tal como fazer com que um atributo não possa receber valores nulos, habilitar e desabilitar *triggers*, informar o proprietário da tabela, dentre outras. Entretanto, todas as outras opções de alteração são bastante semelhantes a todas as alterações listadas neste livro. Desta forma, o leitor conseguirá facilmente executar estas rotinas, consultando os manuais do SGBD de sua preferência.

a. Remoção de tabelas

Apresentaremos neste momento o comando para excluir uma tabela. Para isso, utilizaremos o comando DROP TABLE que está definido no script 36.

Script 36 - Remoção de Tabelas

```
DROP TABLE [ IF EXISTS ] name [, ...] [ CASCADE | RESTRICT ];
```

Neste comando, a cláusula IF EXISTS é opcional e verifica se a tabela que estamos tentando excluir existe ou não. Caso não exista, não é devolvida nenhuma mensagem de erro.

Da mesma forma, o comando CASCADE e RESTRICT também é opcional. Estes comandos são necessários para informar a maneira como as tabelas serão excluídas. O comando CASCADE faz a remoção da tabela mesmo que ela se relacione com outras tabelas. Já o comando RESTRICT faz com que a remoção da tabela seja abortada se existirem tabelas que se relacionem com a tabela que esteja removendo. Por *default*, o comando DROP TABLE utiliza o RESTRICT e por isto sua utilização é opcional.

Mas, simplificando, o comando SQL para remoção de tabelas sem as cláusulas opcionais é apresentado no script 37.

Script 37 - Remoção de Tabelas

```
DROP TABLE nome_da_tabela;
```

Por exemplo, para remover a tabela especialidade podemos utilizar o comando do script 38.

Script 38 - Exclusão da Tabela Especialidade

```
DROP TABLE especialidade;
```

Agora, vamos supor que seja preciso excluir a tabela Funcionario. Porém, esta tabela não existe em nosso banco de dados. Sem a utilização da cláusula IF EXISTS, conforme script 39, verificamos que é devolvida uma mensagem de erro (ver figura 25).

Script 39 - Exclusão da Tabela Funcionário

```
DROP TABLE funcionario;
```

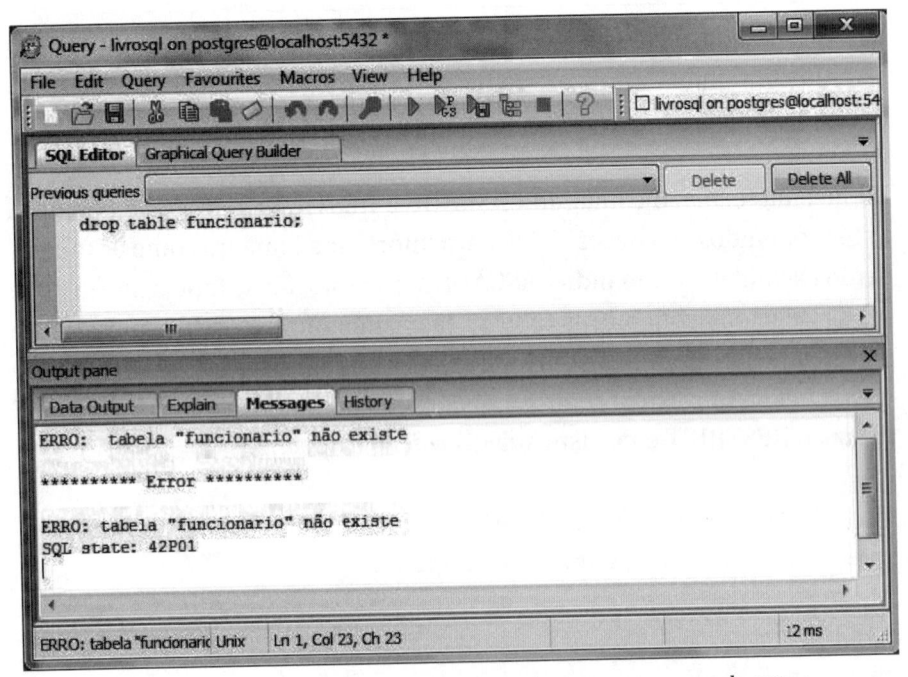

Figura 25 - Exclusão da tabela funcionario - com mensagem de erro

A mensagem de erro apresentada na parte inferior da figura 25 refere-se à tentativa de exclusão de uma tabela que não existe no banco de dados. Para resolver este problema, basta fazer uso da cláusula conforme script 40.

Script 40 - Remoção da Tabela Funcionário

```
DROP TABLE IF EXISTS funcionario;
```

Na figura 23, apresentamos o relacionamento professor x especialidade, em queum professor tem uma especialidade e cada especialidade pode ser de vários professores. Neste caso, percebemos que a tabela Professor possui uma chave estrangeira referenciando a tabela Especialidade. Assim, executando o comando do script 41, percebemos na figura 26 que ocorre um erro devido ao relacionamento entre as tabelas Professor e Especialidade, pois existe uma chave estrangeira na tabela professor, fazendo referência à tabela especialidade.

Como no script 35 removemos a chave estrangeira, neste momento é interessante você criar as tabelas professor e especialidade novamente conforme scripts 31, 32 e 33, assim como o script 34 em queadicionamos a chave estrangeira na tabela professor referenciando a tabela especialidade.

Script 41 - Exclusão da Tabela Especialidade

```
DROP TABLE especialidade;
```

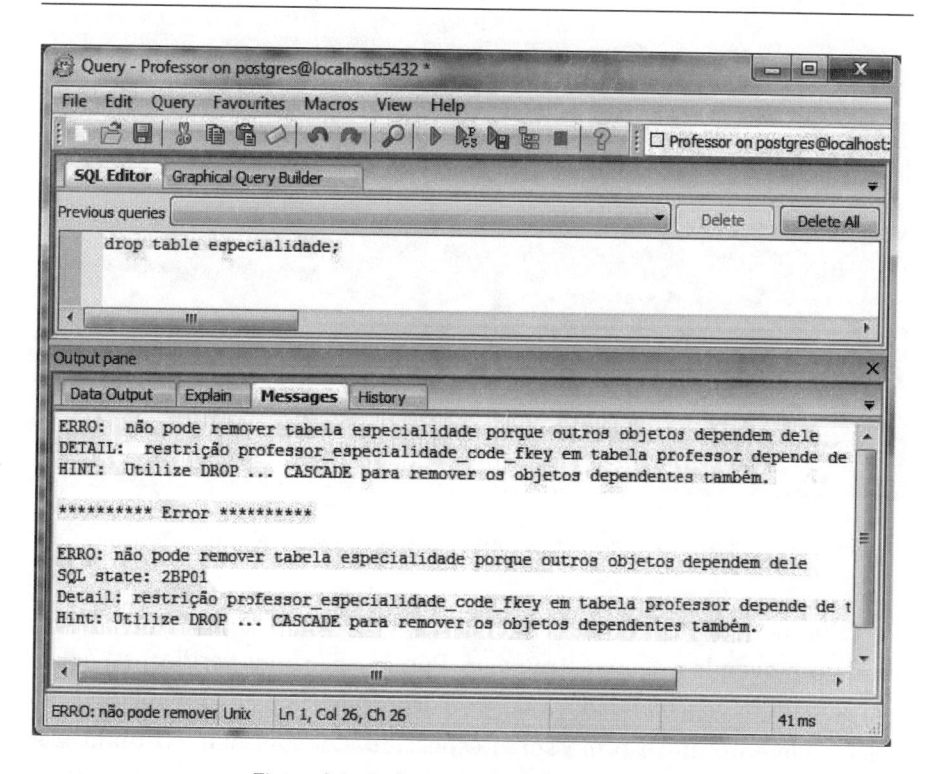

Figura 26 - Exclusão da Tabela Especialidade

Entretanto, se formos excluir a tabela Especialidade utilizando o comando SQL do script 42, percebemos que a exclusão ocorre com sucesso e a tabela Professor continua existindo (ver figura 28). Porém, o atributo especialidade_code continua existindo na tabela professor (ver figura 28). Mas este atributo não faz mais referência à tabela Especialidade, devido à exclusão da chave estrangeira, que fazia tal referência entre as duas tabelas. Logo, seria interessante remover também este atributo.

Script 42 - Exclusão da Tabela Especialidade em Cascata

```
DROP TABLE especialidade CASCADE;
```

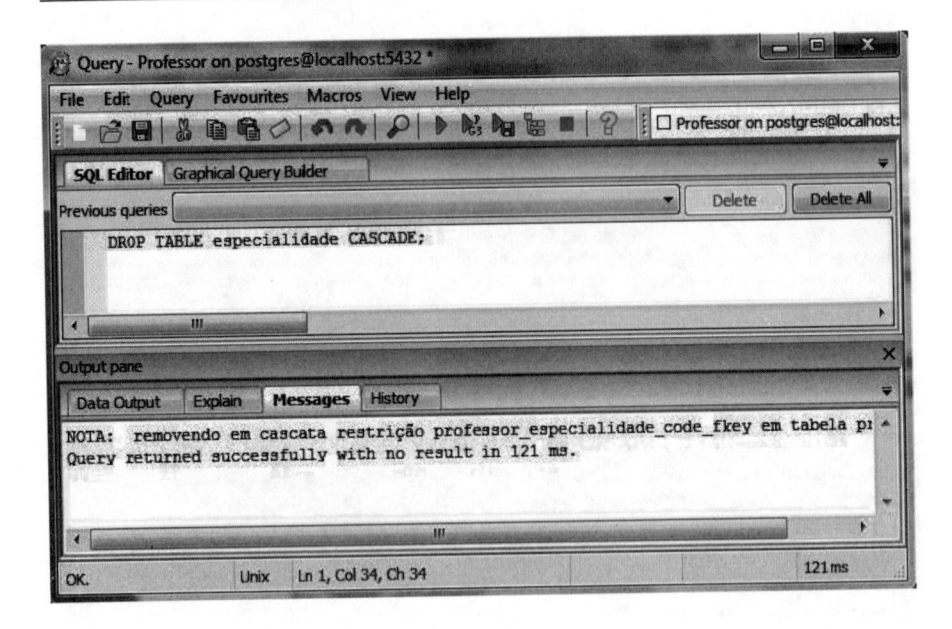

Figura 27 - Exclusão da Tabela especialidade em cascata

Perceba na figura 27 que o comando do script 42 foi executado com sucesso, removendo a chave estrangeira. Porém, se formos verificar na figura 28, o atributo especialidade_code, que armazenaria os dados relativos ao relacionamento entre professor e especialidade, continua existindo. Porém, neste caso, sem sentido algum, uma vez que a tabela especialidade não existe mais. Assim, precisaremos removê-lo da tabela conforme script 43.

Script 43 - Alteração da Tabela Professor excluindo um atributo

```
ALTER TABLE professor
DROP especialidade_code;
```

Na figura 29, você perceberá que a tabela professor não possuirá mais este atributo, que, a partir do momento que a tabela especialidade foi excluída, ele não faz mais sentido de existir. Dessa forma, para excluir uma tabela do banco de dados, precisamos executar os comandos listados anteriormente e nos preocupar com os relacionamentos e atributos envolvidos. Esta preocupação deve existir para mantermos sempre a integridade do banco de dados e que não continuem existindo atributos sem finalidade alguma.

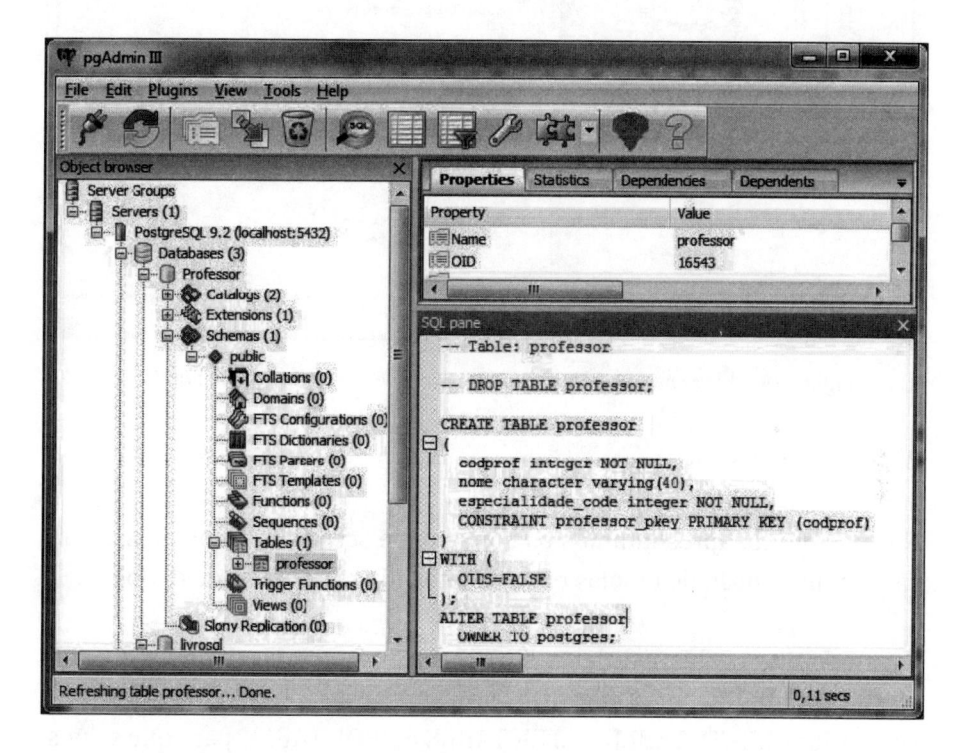

Figura 28 - Apresentação da Tabela Professor

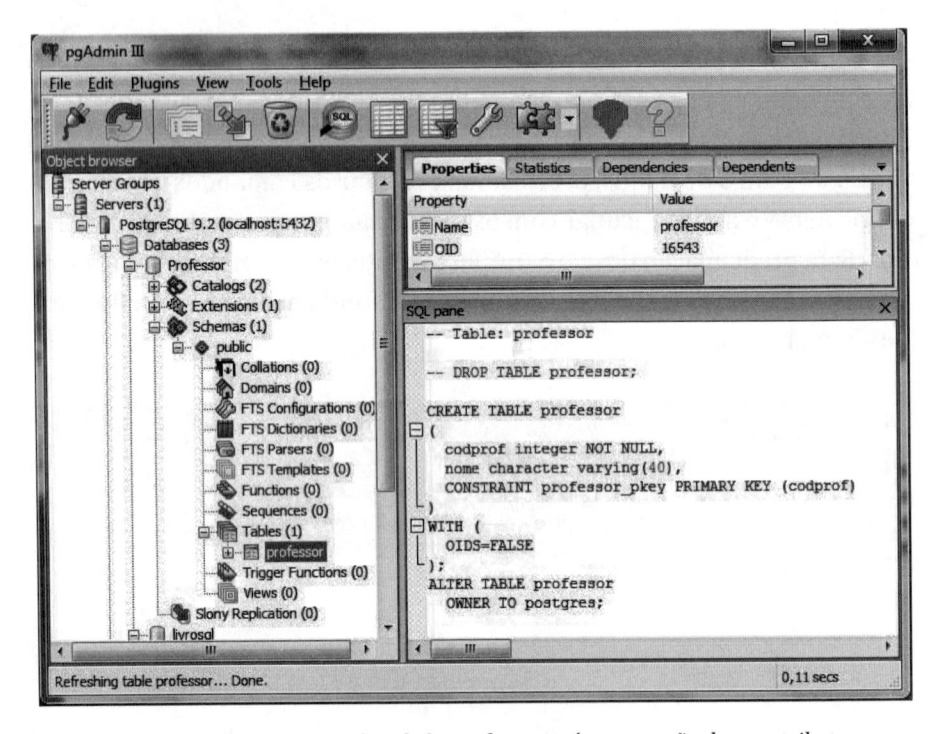

Figura 29 - Apresentação da tabela professor após a remoção de um atributo

2. Conclusão

Neste capítulo, apresentamos os conceitos e scripts relacionados à criação e manutenção de tabelas em um determinado bancos de dados.

Sabemos que o objetivo deste livro é apresentar os comandos básicos mais utilizados da linguagem SQL. Para isto, neste capítulo, abordamos os comandos CREATE TABLE, ALTER TABLE e DROP TABLE, para que se possa criar, alterar e remover tabelas de um banco de dados. No próximo capítulo, iremos abordar os conceitos relacionados à manipulação de dados.

3. Exercícios Propostos

Neste tópico, apresentamos alguns exercícios propostos. Eles são de grande importância para fixação do conhecimento apresentado neste capítulo. No final deste livro, você terá as respostas destes exercícios para comparar com as suas e efetuar as devidas correções e/ou validações de suas respostas.

1. Crie um banco de dados com o nome de capitulo4
2. Dado o quarto exercício do capítulo 2 faça:
    a. Escreva os comandos SQL para criação de todas as tabelas
    b. Escreva pelo menos um comando para alterar o nome de uma tabela
    c. Escreva pelo menos um comando SQL para alterar o tipo de dados de um determinado atributo em uma tabela.
    d. Escreva pelo menos um comando SQL para inserir um atributo em uma tabela.
    e. Escreva o comando SQL para remover o atributo que você adicionou na letra d.
    f. Escreva o comando SQL para criar uma tabela com nome teste no referido banco de dados com pelo menos 4 atributos
    g. Escreva o comando SQL para remover a tabela teste que você criou.

Observação: Seria interessante que estes exercícios sejam feitos também no PostgreSQL para você visualizar o que realmente está fazendo para facilitar a fixação dos conceitos.

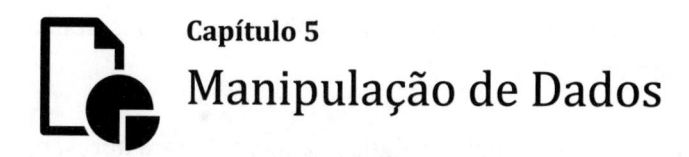

Capítulo 5

Manipulação de Dados

1. Objetivos do Capítulo

Neste capítulo, o objetivo principal é a apresentação de comandos SQL para manipulação de dados em tabelas de um banco de dados. Assim, ao final, espero que você consiga executar todos os passos necessários para:

- Inserção de dados em um Banco de Dados
- Alteração de dados em um Banco de Dados
- Remoção de dados em um banco de dados

Todos estes pontos serão apresentados com base em exemplos práticos, que podem ser executados por você juntamente com a leitura do capítulo.

2. Manipulação de Dados

A linguagem de manipulação de dados (DML – Data Manipulation Language), que é um subconjunto da linguagem SQL, abrange uma linguagem de consulta baseada tanto na álgebra relacional quanto no cálculo relacional de tuplas (registros ou linhas de uma tabela). Esta linguagem engloba também comandos para inserção, alteração, consulta e exclusão de dados nos mais diversos sistemas gerenciadores de bancos de dados (SGBD). Assim, podemos perceber que a manipulação de dados envolve estas quatro operações básicas, independente do software ou do sistema gerenciador de bancos de dados, uma vez que estas operações sempre ocorrerão para a efetiva manipulação de dados. Neste tópico iremos abordar os comandos SQL relacionados à inserção, alteração e remoção de dados. A partir do próximo capítulo, iremos abordar as consultas a dados utilizando a linguagem SQL.

Neste capítulo, utilizaremos o modelo de dados da figura 5 para apresentarmos os scripts SQL para cada uma das operações propostas (inserção, alteração e remoção de dados).

a. Inserção de Dados

Para inserir dados em uma tabela, utiliza-se o comando INSERT, cuja sintaxe básica está apresentada no script 44, onde:

- Nome_tabela: nome da tabela que se deseja inserir o registro.
- Lista de atributos: Lista de todos os atributos da tabela que se deseja inserir o registro.
- Lista de valores: Lista de todos os valores para cada atributo da tabela que se deseja inserir o registro. Esta lista de valores é o registro a ser inserido propriamente dito.

Script 44 - Comando INSERT padrão.

```
INSERT INTO nome_tabela (lista de atributos) VALUES (lista de
valores)
```

Desta forma, conforme script 44, podemos iniciar a apresentação de diversos exemplos do comando INSERT.

Dado o modelo de dados da figura 5, podemos perceber que temos uma tabela com o nome pessoa. Entretanto, no script 23, alteramos o nome desta tabela para cliente. Porém, neste momento, devemos renomear novamente esta tabela, para o nome pessoa para que possamos inserir um registro nesta tabela, conforme script 45. Neste script, o atributo id pessoa é a chave primária, ou seja, não pode se repetir na tabela e o atributo pessoa armazena F para pessoa física e J para pessoa jurídica. Também podemos perceber que não existe mais o atributo idpessoa, pois ele foi renomeado para codigopessoa. Da mesma forma, devemos alterar novamente o nome deste atributo para idpessoa.

Script 45 - Inserção de um registro na tabela pessoa

```
INSERT INTO pessoa(idpessoa, nome, tipopessoa) values
(1,'Ary','F')
```

Na figura 30, apresentamos a execução do script 45 e na figura 31, a tabela pessoa com o registro inserido.

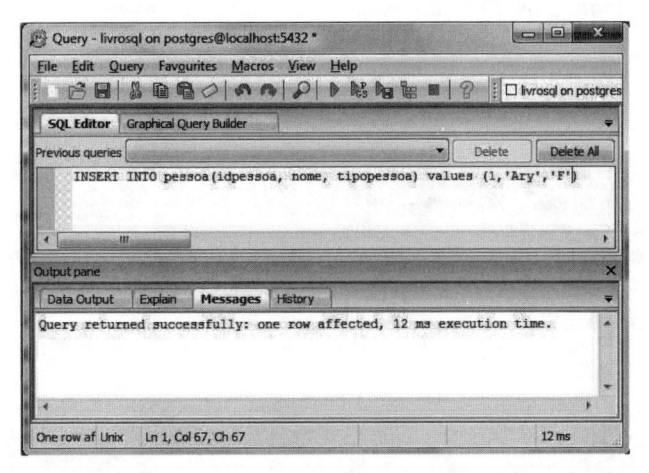

Figura 30 - Comando de inserção de dados na tabela pessoa no PostgreSQL

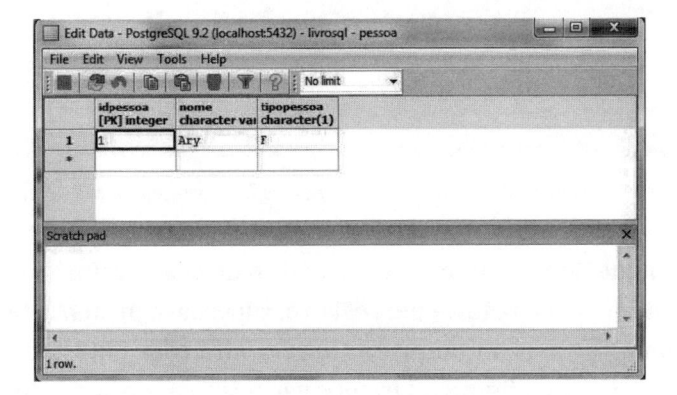

Figura 31 - Tabela pessoa com o registro inserido

Porém, caso tenhamos errado o script, mensagens de erro aparecerão na parte inferior da tela do PostgreSQL. Vamos supor o comando do script 46 onde escreveremos o atributo nome como nome_pessoa. Sabemos que o atributo nome_pessoa não existe na tabela pessoa. Logo, já esperamos que o erro ocorra e podemos verificá-lo na figura 32. Perceba na parte inferior da tela, que está escrito: "ERRO: coluna 'nome_pessoa' da relação 'pessoa' não existe". Esta mensagem é bastante sugestiva e é exatamente a mensagem que estávamos esperando.

Script 46 - Comando INSERT com nome de atributo errado

```
INSERT INTO pessoa(idpessoa, nome_pessoa, tipopessoa) values
(2,'Ana','F')
```

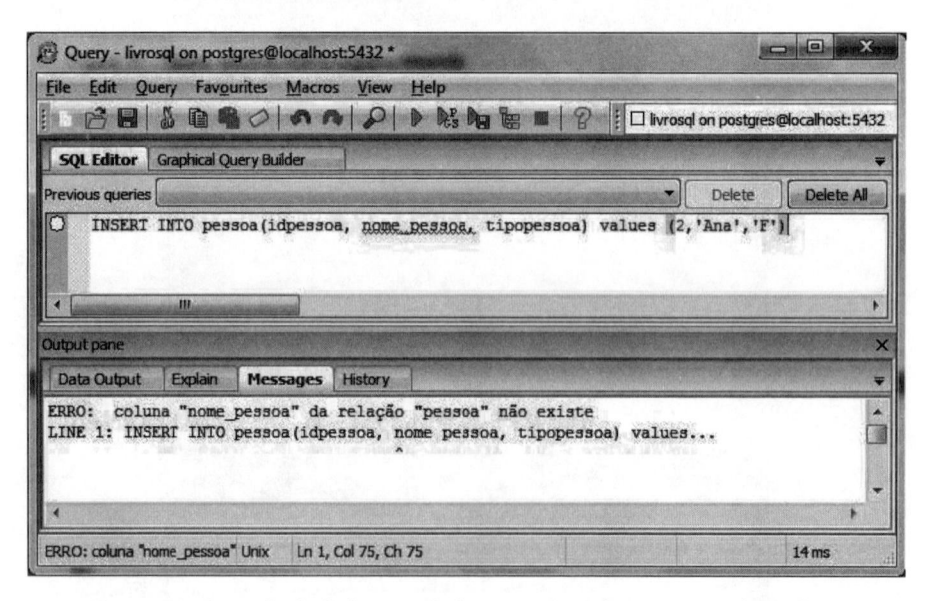

Figura 32 - Inserção de dados na tabela pessoa com erro em nome de atributo

Outro erro que pode acontecer, é a violação de chave primária. Na figura 31, verificamos a inserção de um registro, cuja chave primária tem o valor 1. No script 47, vamos tentar inserir um registro com o mesmo valor para a chave primária e na figura 33 iremos verificar a mensagem de erro. Perceba que a mensagem de erro que aparece é: "ERRO: valor da chave viola a restrição de unicidade pessoa_pkey".

Script 47 - Inserção de dados na tabela pessoa com violação de chave primária

```
INSERT INTO pessoa(idpessoa, nome, tipopessoa) values
(1,'Ana','F')
```

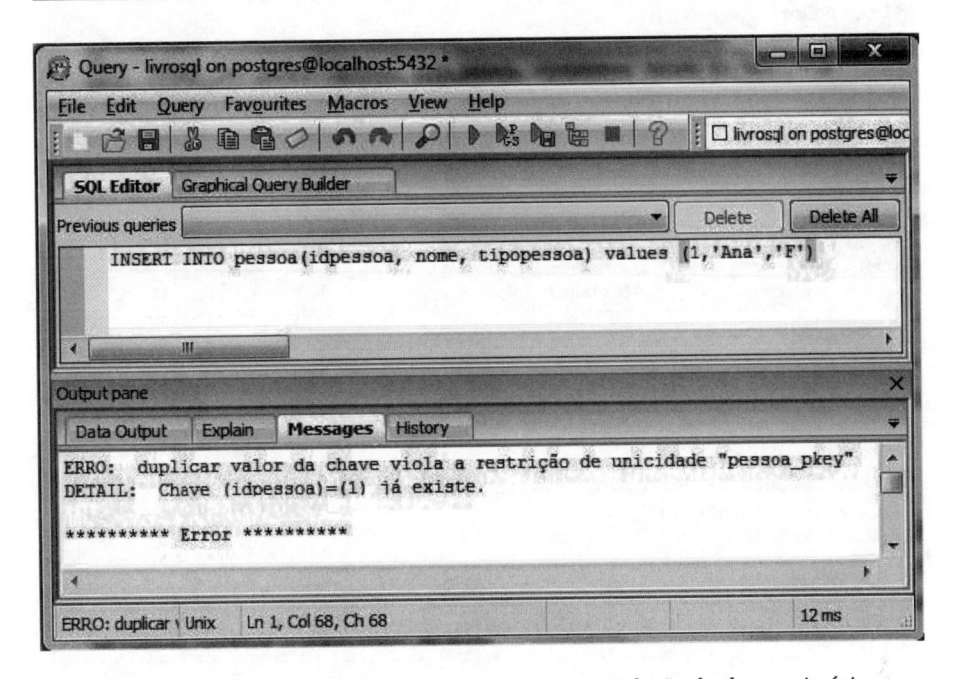

Figura 33 - Inserção de dados na tabela pessoa com violação de chave primária

Também podemos ter outros erros na utilização do comando INSERT. Vamos supor que você queira executar o comando do script 48.

Script 48 - Inserção de dados com tipo de dado errado

```
INSERT INTO pessoa values ('A','Ana','F')
```

Perceba que o erro apresentado na figura 34 refere-se à tentativa de inserção de dados com tipos de dados errado. Sabemos que o primeiro atributo da tabela pessoa é o código da pessoa que está definido como integer e no script 48 tentamos inserir um caractere 'A' como chave primária. Estes erros são muito comuns e devemos sempre ficar atentos a eles.

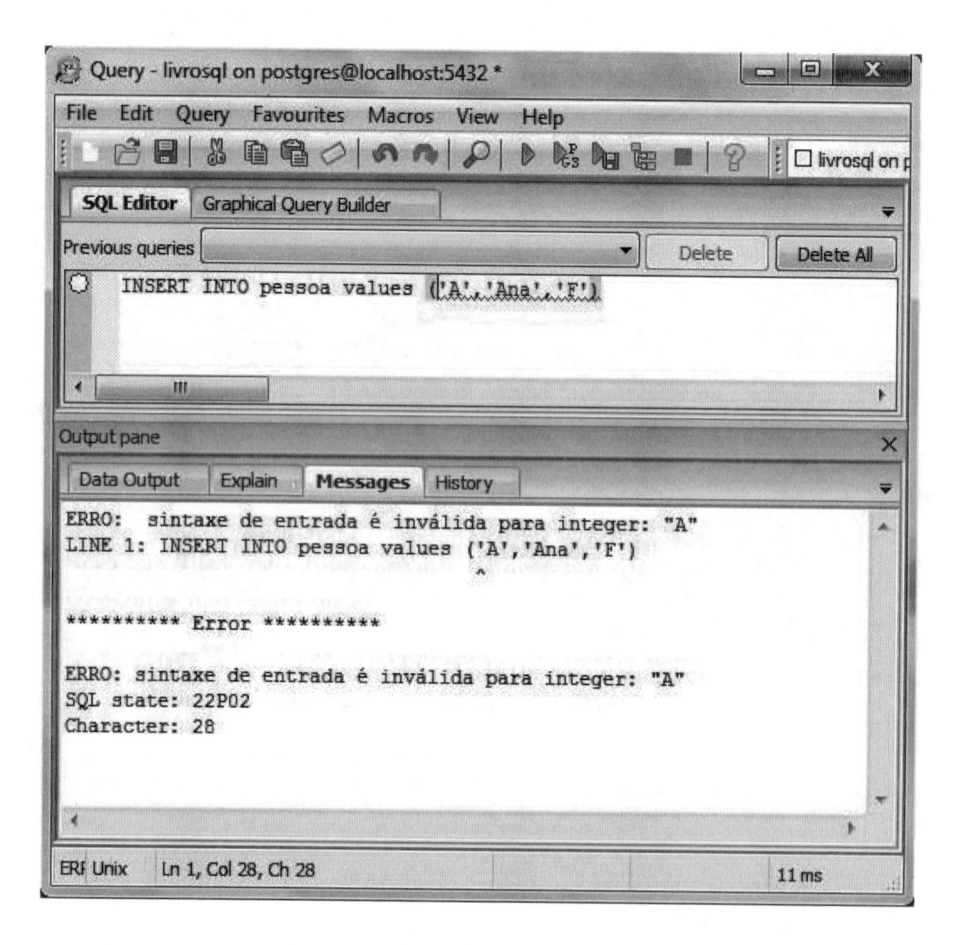

Figura 34 - Inserção de dados com tipo de dado errado

Uma variação do comando INSERT que podemos utilizar é que a lista de atributos da tabela não é obrigatória para ser utilizada quando iremos inserir dados para todos os atributos da tabela. No script 49, vamos inserir um registro na tabela pessoa utilizando desta informação. Perceba na figura 35 que a execução da consulta teve sucesso.

Script 49 - Inserção de dados na tabela pessoa com variação do comando INSERT

```
INSERT INTO pessoa values (3,'Ana','F')
```

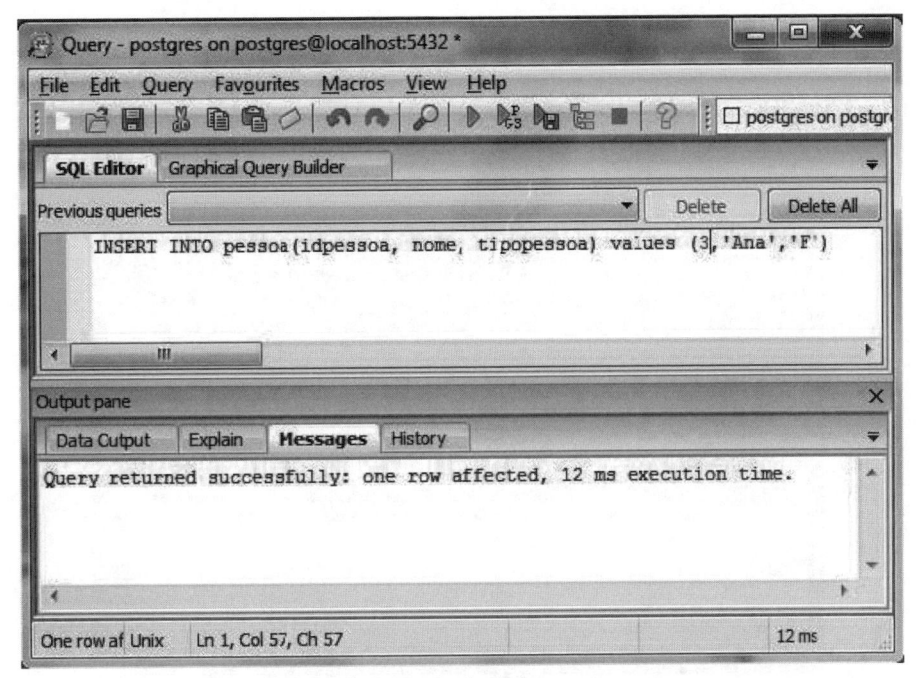

Figura 35 - Inserção de dados com sucesso

Entretanto, caso queiramos inserir valores para apenas alguns atributos, devemos utilizar a lista de atributos para tal. Logo, podemos perceber no script 49 esta outra variação. Entretanto, qualquer erro que por ventura tenhamos será descrito nas mensagens de erro na própria tela utilizada. Outro ponto de atenção é que se formos inserir apenas valores para alguns atributos, aqueles que não formos inserir dados devem estar definidos na tabela para aceitar inserção de valores nulos. Caso formos inserir um registro e não inserirmos valores para um atributo que não aceite valor nulo, a mensagem de erro aparecerá. Portanto, é de extrema importância conhecer o modelo de dados antes de executar estas operações.

Script 50 - Inserção de dados na tabela pessoa sem valor para um atributo

```
INSERT INTO pessoa (idpessoa, nome) values (4,'Tatiana')
```

Veja nas figuras 35 e 36 que os scripts 50 e 51 foram executados com sucesso e na figura 37, os valores que foram inseridos na tabela pessoa.

Perceba que o registro inserido através do script 50 não inseriu nenhum valor para o atributo tipo_pessoa, que ficou com valor null.

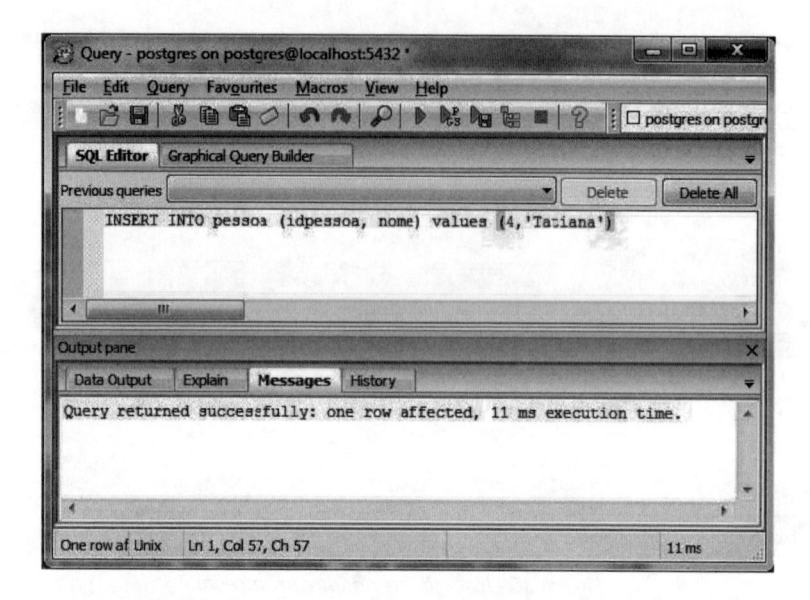

Figura 36 - Inserção de dados na tabela pessoa sem o valor para um atributo

Figura 37 - Tabela pessoa com novos valores inseridos

Vamos inserir registro na tabela física, conforme script 51. Como a tabela física tem uma chave estrangeira (pessoa_idpessoa), que também é chave primária nesta tabela. Logo, não podemos inserir um registro nesta tabela que não tenha seu respectivo valor na tabela pessoa. Por exemplo, se formos inserir um registro com o atributo pessoa_idpessoa com valor 1, a inserção será bem sucedida, conforme script 49 e figura 37. Neste caso, estamos inserindo o valor do CPF e RG para a pessoa com idPessoa com valor igual a 1, ou seja, de acordo com a figura 37, será para a pessoa de nome Ary. Na figura 38, apresentamos a tabela física com o registro inserido.

Script 51 - Inserção de dados na tabela física

```
INSERT INTO fisica values (1,'111.111.111-11','1.111.1111')
```

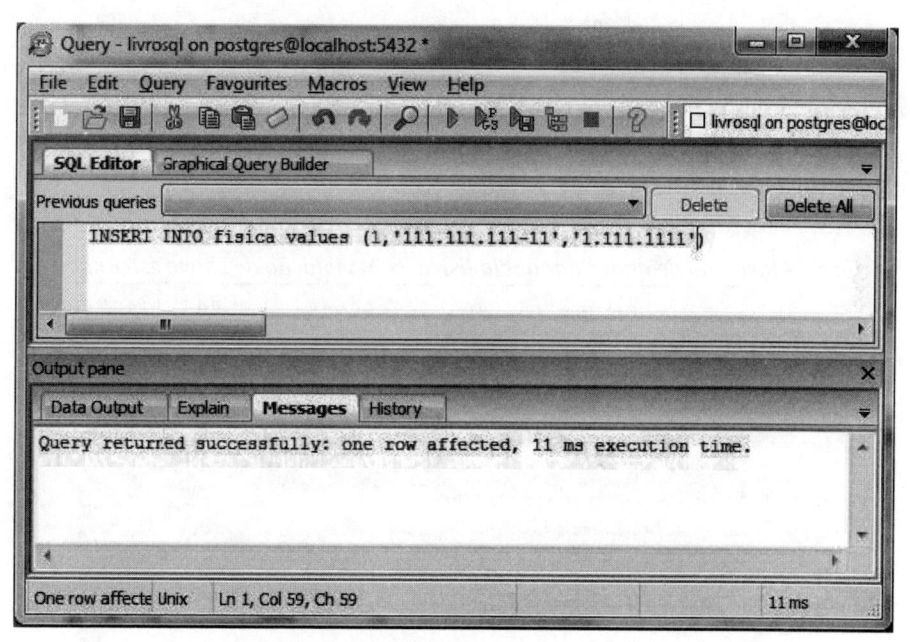

Figura 38 - Inserção de registro na tabela física

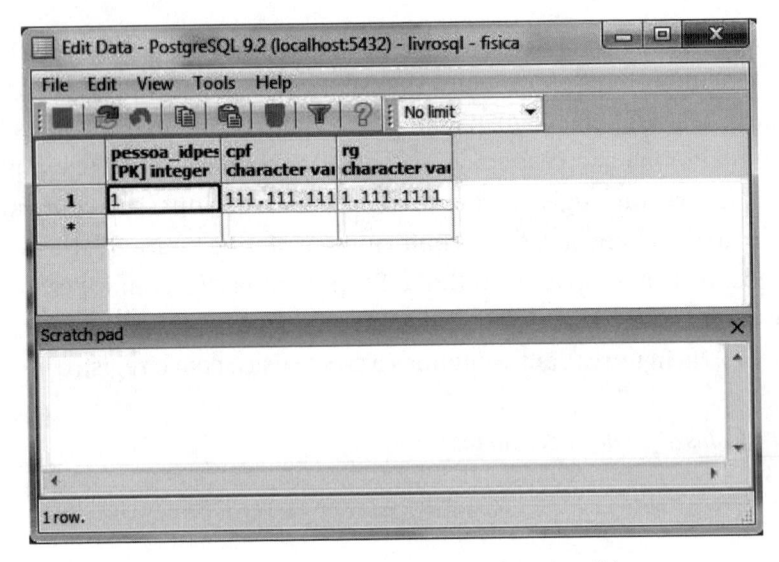

Figura 39 - Tabela física com o registro inserido

Já se formos inserir um registro com pessoa_idPessoa com valor igual a 4, ocorrerá um erro de violação de chave estrangeira e o registro não será inserido, conforme script 52 e figura 40.

Script 52 - Inserção de dados na tabela física, com violação de chave estrangeira

```
INSERT INTO fisica values (5,'444.444.444-44','4.444.4444')
```

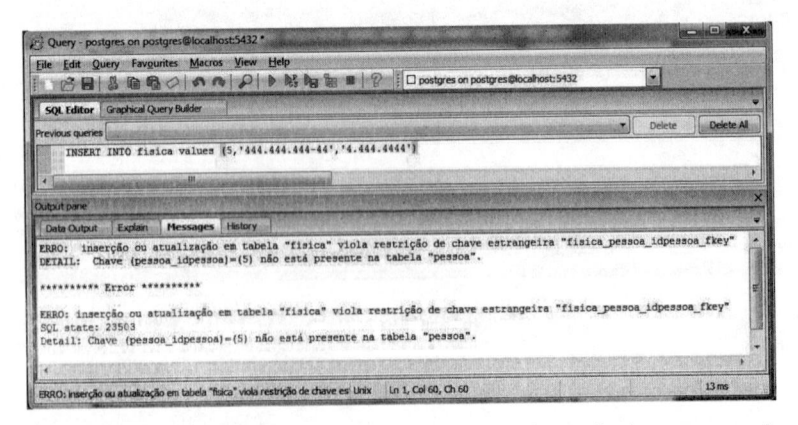

Figura 40 - Inserção de dados na tabela física com violação de chave estrangeira

Da mesma forma, podemos estender a violação de chave estrangeira para quaisquer outras tabelas que tenham chave estrangeira, que, por consequência, referenciam outra tabela. Sempre será necessário que o valor da chave estrangeira esteja inserido na tabela que seja feita a referência, conforme apresentado no script 51.

b. Alteração de Dados

Para alterarmos dados em uma tabela, utiliza-se o comando UPDATE, cuja sintaxe básica está apresentada no script 53, onde:

- Nome_tabela = nome da tabela que vai ter os dados alterados.
- Nome_do_atributo = atributo que terá seu valor alterado.
- Valor = novo valor para o atributo em questão
- Condição = condição a ser estabelecida para que o update tenha sucesso.

Script 53 - Sintaxe padrão do comando UPDATE

```
UPDATE nome_tabela
SET nome_do_atributo = valor,
    Nome_do_atributo = valor
WHERE condição
```

Não podemos confundir a alteração de dados (UPDATE) com a alteração de tabelas (ALTER TABLE). O primeiro, altera registros de uma tabela. Já o segundo, altera a estrutura da tabela.

Dado o modelo de dados da figura 5, deremos sequência em uma série de scripts SQL como exemplo para fixação dos conceitos envolvidos com o comando UPDATE. Também iniciaremos como base a figura 37, que já temos dados inseridos.

Para o primeiro exemplo, repare que na figura 37 o atributo tipo_pessoa da pessoa com nome de Tatiana está em branco. Logo, vamos escrever uma consulta SQL para alterar este valor para F, ou seja, Tatiana será uma pessoa física. Assim, veja o script 54 e a na figura 41 a execução do comando e a figura 42 com os novos valores.

Script 54 - Atualização do tipo de pessoa de uma pessoa cadastrada

```
UPDATE pessoa
SET tipopessoa = 'F'
WHERE idpessoa = 4
```

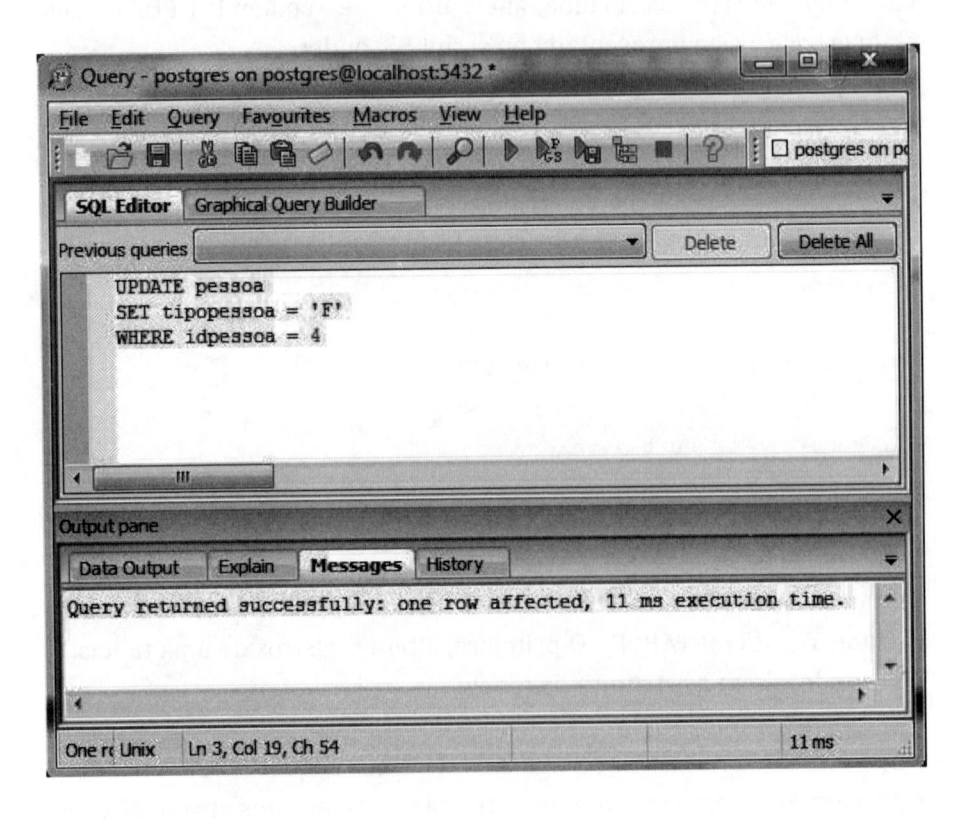

Figura 41 - Execução da Atualização do registro de uma pessoa cadastrada

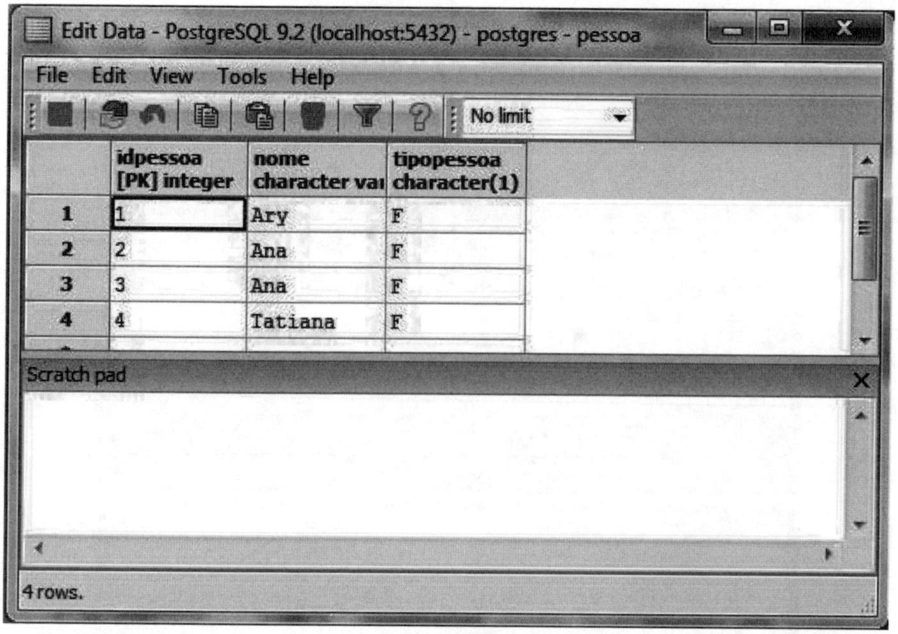

Figura 42 - Tabela pessoa com os valores atualizados

Podemos perceber que o comando UPDATE possui uma grande importância em sua cláusula WHERE, nela é satisfeita toda a condição necessária para que a atualização seja bem sucedida.

No exemplo do script 54, atualizamos apenas um atributo da tabela pessoa. Porém, no script 55, iremos mostrar que podemos alterar quantos atributos quisermos da mesma tabela, em um mesmo comando.

Script 55 - Atualização de mais de um atributo simultaneamente

```
UPDATE pessoa
SET nome = 'Editora',
    tipopessoa = 'J'
WHERE idpessoa = 2
```

Podemos perceber que, no comando do script 55, atualizamos o nome da pessoa de código 2 para Editora e o tipo dela para J, ou seja, trata-se de uma pessoa jurídica com nome de Editora. Na figura 43, apresentamos a execução do comando e na figura 44 a tabela pessoa com os novos dados.

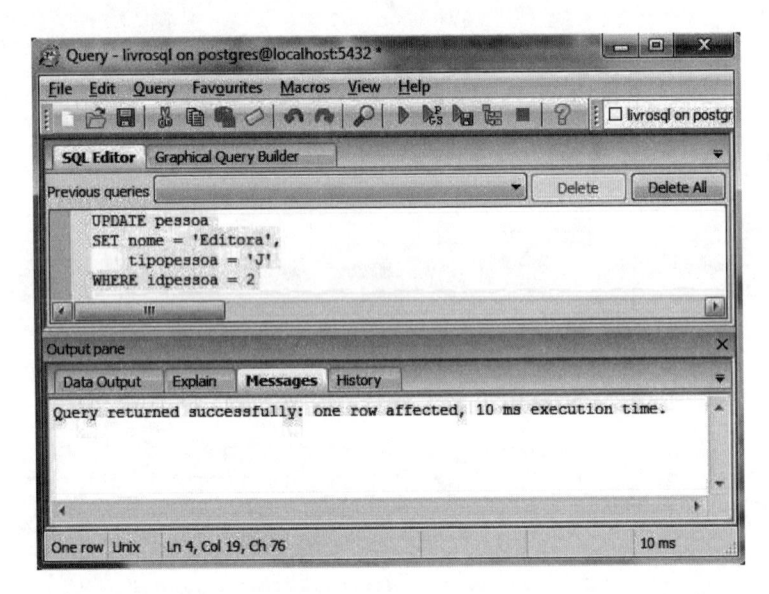

Figura 43 - Alteração de mais de um atributo em um mesmo UPDATE

Figura 44 - Tabela pessoa com os novos valores após a atualização dos registros

Também devemos ter cuidado com a execução do comando UPDATE, caso não utilizemos a cláusula WHERE, que será a condição necessária para que a atualização dos dados ocorra. Caso não tenhamos condição (cláusula WHERE), todos os registros da tabela serão alterados e isto pode gerar grandes transtornos.

c. Remoção de Dados

Para removermos registros de uma tabela, utiliza-se o comando DELETE, cuja sintaxe básica está apresentada no script 56, onde:

- Nome_da_tabela = nome da tabela que você deseja remover um atributo
- Condição = condição que deve ser satisfeita para que o registro seja removido.

Script 56 - Comando DELETE padrão

```
DELETE
FROM nome_da_tabela
WHERE condição
```

Não podemos confundir a remoção de dados (DELETE) com a remoção de tabelas (DROP TABLE). O primeiro, exclui registros de uma tabela. Já o segundo, exclui toda a tabela, inclusive com todos os registros armazenados.

Dado o modelo de dados da figura 5 e os dados armazenados apresentados na figura 44, iremos apresentar alguns exemplos de utilização do comando DELETE.

O script 57 apresenta o comando para remoção do registro da tabela pessoa que possui o atributo idpessoa = 3. Na figura 45, apresentamos a execução do script 57 e, na figura 46, os novos valores da tabela pessoa, sem o registro do atributo idpessoa = 3.

Script 57 - Remoção de um registro na tabela pessoa

```
DELETE
FROM pessoa
WHERE idpessoa = 3
```

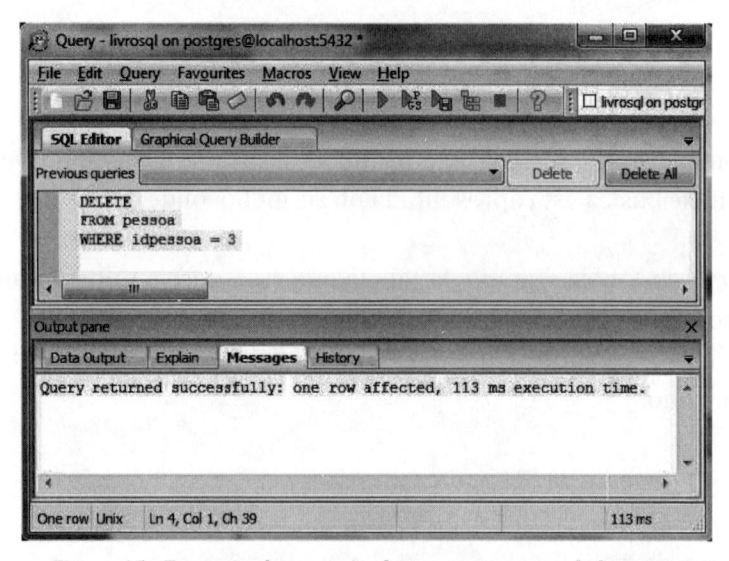

Figura 45 - Execução da remoção de um registro na tabela pessoa

Figura 46 - Novos valores para a tabela pessoa após remover um registro

Na remoção de dados, precisamos ter dois cuidados básicos. O primeiro deles é se não utilizamos a cláusula WHERE, todos os registros da tabela em questão serão removidos. Para este exemplo, vamos inicialmente inserir alguns registros na tabela uf, conforme script 58 e posteriormente na figura 47 podemos visualizar os registros inseridos na referida tabela.

Script 58 - Inserção de registros na tabela uf

```
INSERT INTO uf VALUES (1,'MG');
INSERT INTO uf VALUES (2,'SP');
INSERT INTO uf VALUES (3,'RJ');
```

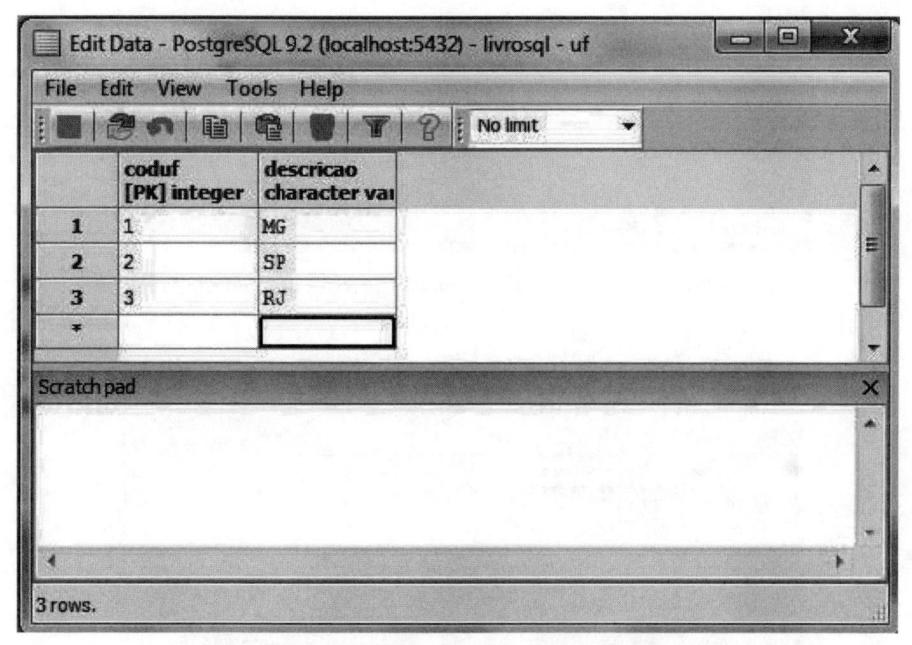

Figura 47 - Dados inseridos na tabela UF

Após a inserção dos registros, vamos executar o script 59, que não possui nenhuma condição, ou seja, não possui a cláusula where, onde visualizaremos a execução na figura 48 e na figura 49 apresentamos os dados da tabela uf após a execução do script 59.

Script 59 - Remoção de todos os registros da tabela uf

```
DELETE
FROM uf
```

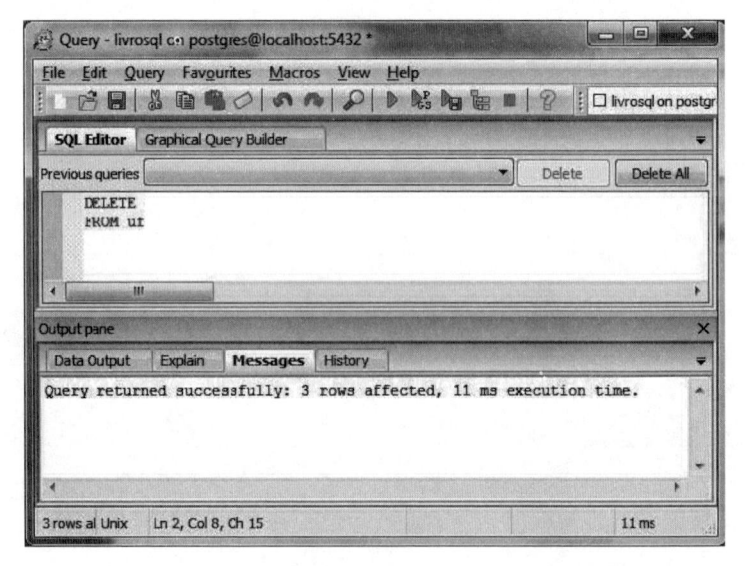

Figura 48 - Execução do script para remoção de todos os dados da tabela uf

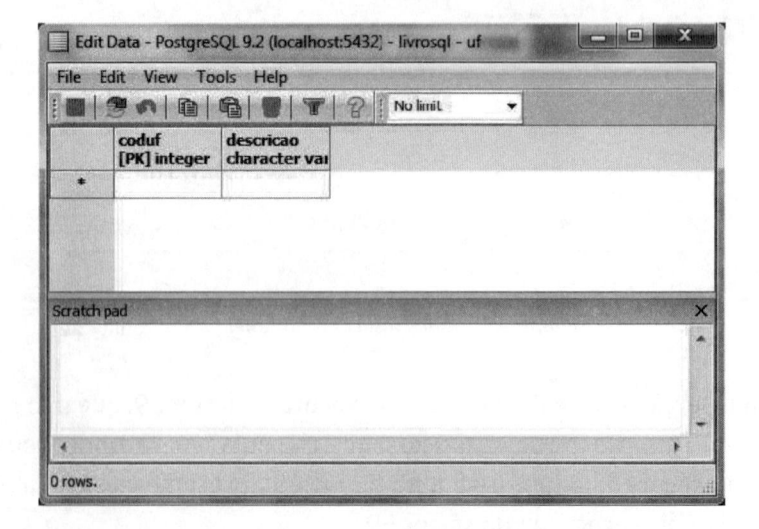

Figura 49 - Tabela uf sem os registros pois foram todos removidos

Outra preocupação que devemos ter está relacionada com as referências de chave estrangeira. Sabemos que as tabelas pessoa e física são relacionadas ea tabela física possui uma chave estrangeira referenciando a tabela física. Na figura 50, apresentamos os registros que foram inseridos na tabela pessoa e, na figura 51, os registros inseridos na tabela física.

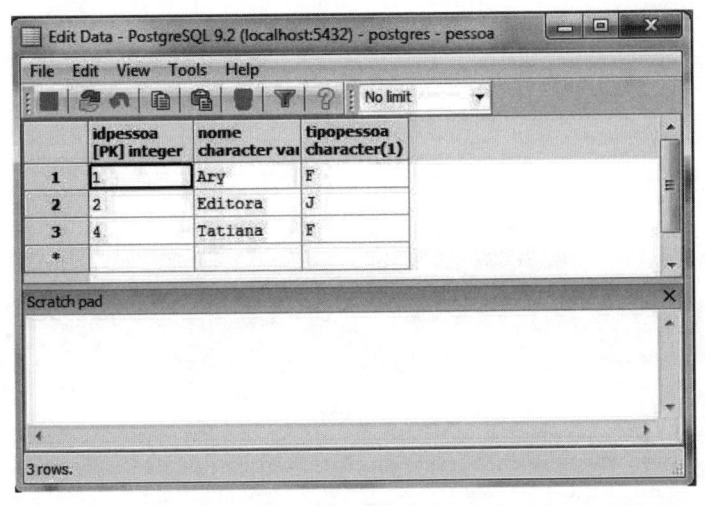

Figura 50 - Dados inseridos na tabela pessoa

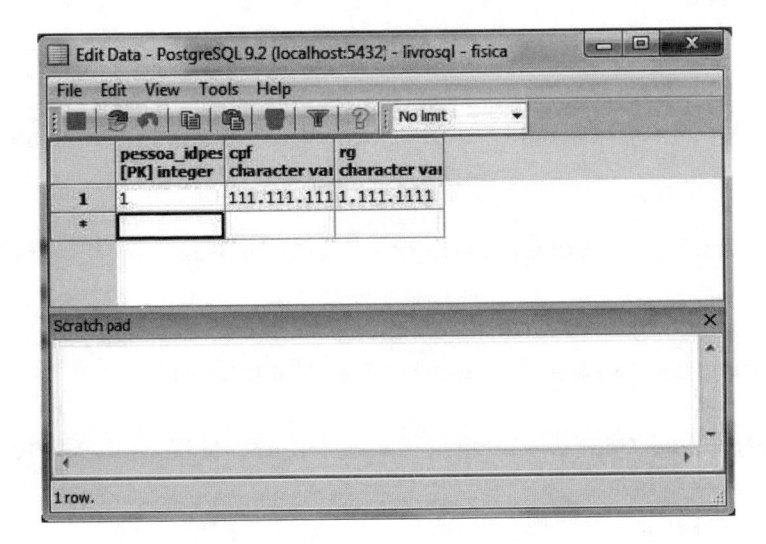

Figura 51 - Dados inseridos na tabela física

Para realizamos o teste da observação que fizemos, vamos remover o registro da tabela pessoa com idpessoa = 1. Perceba o referido registro na figura 50 e na figura 51 o valor da chave estrangeira que referencia a tabela pessoa. Assim, no script 60, apresentamos o comando para realizar tal exclusão. Na figura 52, apresentamos a execução do script 60.

Script 60 - Script para remoção de um registro na tabela pessoa

```
DELETE
FROM pessoa
WHERE idpessoa = 1
```

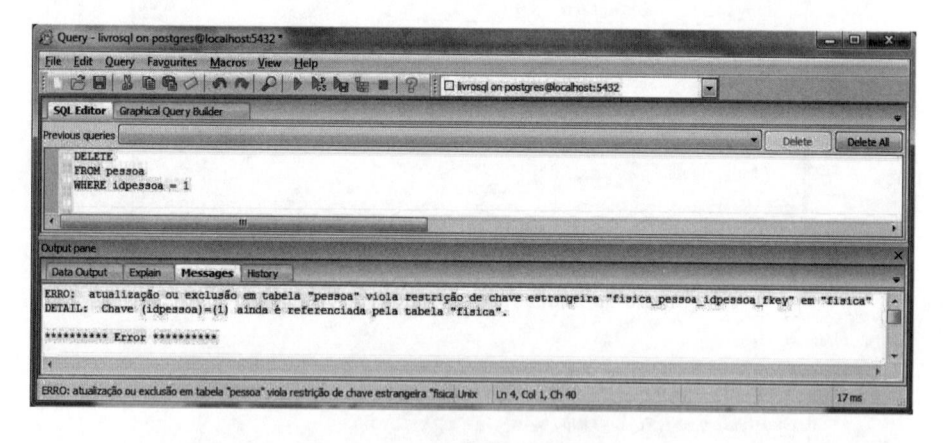

Figura 52 - Execução do script para remoção de um registro na tabela pessoa que faz referência a outra tabela

Perceba na figura 52 que um erro ocorreu e a mensagem apresentada é:

ERRO: atualização ou exclusão em tabela "pessoa" viola restrição de chave estrangeira "fisica_pessoa_idpessoa_fkey" em "fisica"

DETAIL: Chave (idpessoa)=(1) ainda é referenciada pela tabela "fisica".

********** Error **********

Para resolver este erro, precisamos pensar na forma como o relacionamento foi estabelecido. Se é a tabela física que se relaciona com a tabela pessoa, inicialmente, devemos remover o referido registro na tabela física para, posteriormente, remover na tabela pessoa. Logo, no script 61, apresentamos o comando para exclusão do registro na tabela física, na figura 53, a execução do script 61 e, na figura 54, os dados armazenados na mesma tabela. Na figura 55, apresentamos a nova execução do script 60 e, na figura 56, o resultado da execução do script 61. Assim, percebemos que devemos primeiro remover os dados da tabela física para posteriormente remover na tabela pessoa.

Podemos estender este exemplo para todos os casos de relacionamento entre as tabelas em um banco de dados. Salve os casos em que estará configurada a remoção em CASCADE (Cascata). Porém, este assunto foge do escopo deste livro.

Script 61 - Exclusão de registro na tabela física

```
DELETE
FROM fisica
WHERE pessoa_idpessoa = 1
```

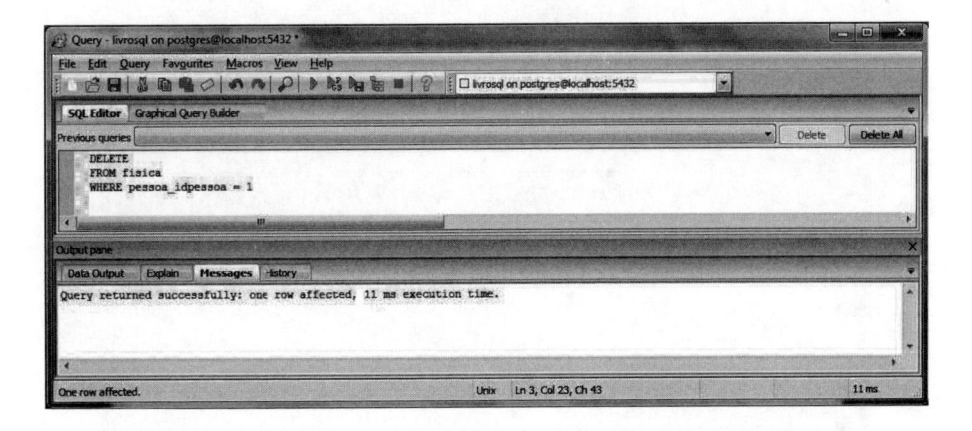

Figura 53 - Execução do script para remoção de um registro na tabela física

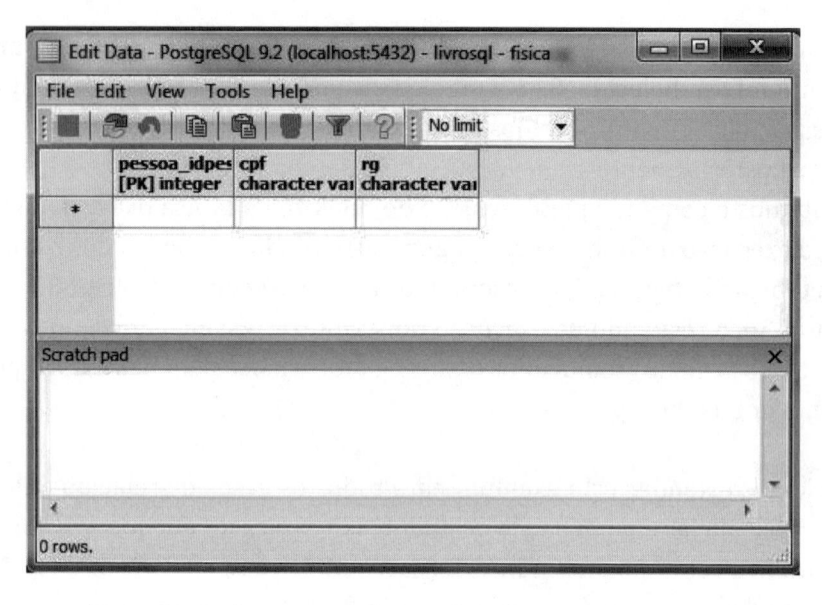

Figura 54 - Dados armazenados na tabela física após a execução do script de remoção do registro

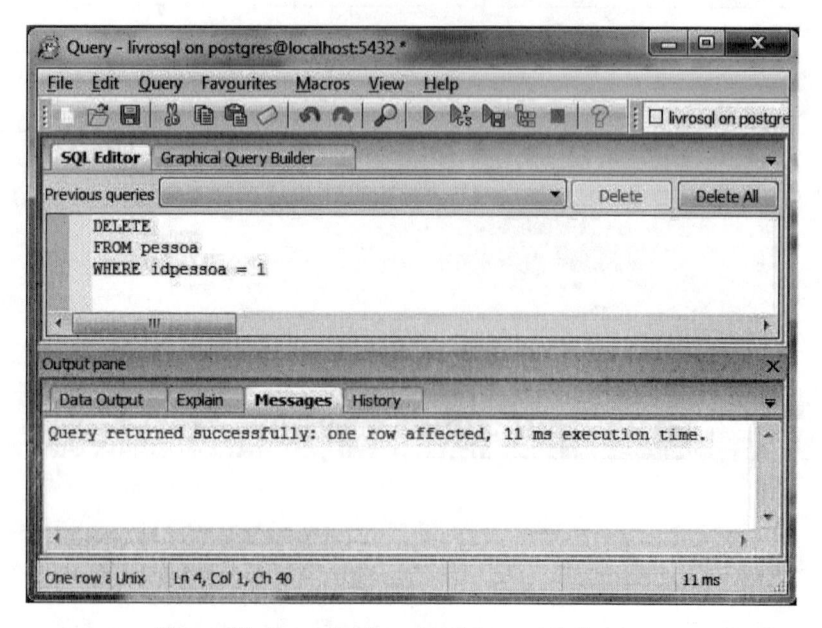

Figura 55 - Remoção de um registro na tabela pessoa

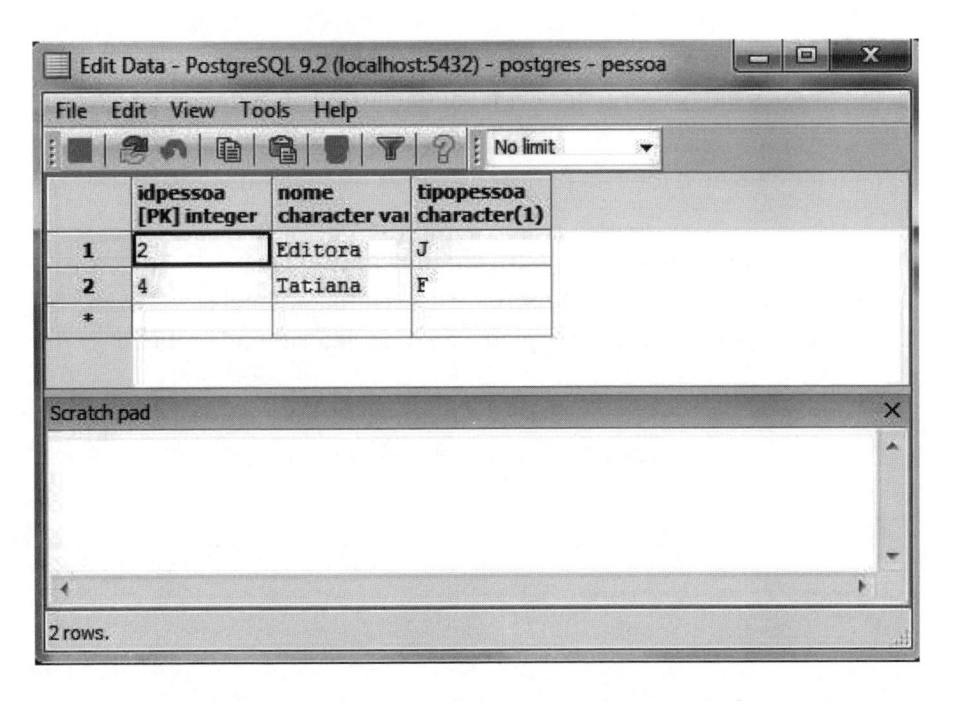

Figura 56 - Dados armazenados na tabela pessoa após a remoção de um registro

3. Conclusão

Neste capítulo, apresentamos os conceitos e scripts relacionados à manutenção de dados nas tabelas de um determinado banco de dados, através da inserção, alteração e exclusão de dados.

Sabemos que o objetivo deste livro é apresentar os comandos básicos mais utilizados da linguagem SQL. Para isto, neste capítulo, abordamos os comandos INSERT, UPDATE e DELETE, para que se possa inserir, alterar e remover dados das tabelas de um banco de dados. No próximo capítulo, iremos abordar os conceitos relacionados à consulta de dados.

4. Exercícios Propostos

Neste tópico, apresentamos alguns exercícios propostos. Eles são de grande importância para fixação do conhecimento apresentado neste capítulo. No final, você terá as respostas destes exercícios para comparar com as suas e efetuar as devidas correções e/ou validações de suas respostas.

Dado o modelo de dados da figura 5, escreva os comandos SQL para:

1. Inserir pelo menos um registro em uma das tabelas;
2. Alterar pelo menos um registro de determinada tabela;
3. Remover pelo menos um registro de uma determinada tabela.

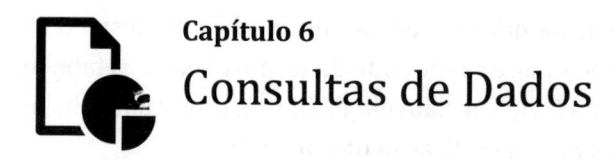

Capítulo 6

Consultas de Dados

1. Objetivos do Capítulo

Neste capítulo, o objetivo principal é a apresentação de comandos SQL para consultas de dados em tabelas de um banco de dados. Todos os pontos necessários para que você consiga realizar tais consultas serão apresentados com base em exemplos práticos, que podem ser executados por você juntamente com a leitura do capítulo.

2. Consultas de dados

Neste tópico, iremos abordar a cláusula SELECT e sua devida utilização para que possamos fixar os conceitos relacionados à consulta de dados.

a. Cláusula SELECT

A consulta a qualquer sistema gerenciador de banco de dados relacional é sempre realizada utilizando o comando SELECT. Desta forma, a estrutura básica do comando SELECT consiste das cláusulas SELECT, FROM e WHERE.

- A cláusula SELECT corresponde à operação de projeção da álgebra relacional, sendo portanto responsável por apresentar o resultado final ao usuário de acordo com os atributos (ou colunas) desejados para tal resultado.

- A cláusula FROM corresponde à operação de produto cartesiano ou junção da álgebra relacional, dependendo da forma em que as tabelas vão se relacionar. Desta forma, a cláusula FROM irá tratar das tabelas que serão necessárias para a realização da consulta.

- A cláusula WHERE corresponde à operação de seleção da álgebra relacional. Esta cláusula é utilizada para selecionar os registros que são interessantes ao usuário responsável pela consulta em questão, utilizando determinadas regras para filtrar os registros que serão apresentados como resultados da consulta. Vale ressaltar que, se não houver condições para a execução da consulta, esta cláusula, portanto torna-se opcional.

A sintaxe básica do comando SELECT é apresentada no script 62, onde:

- Lista de atributos = lista de atributos dos quais se deseja efetuar a seleção
- Lista de tabelas = lista de tabelas necessárias para produzir o resultado da seleção
- Condição = Condição que deve ser satisfeita para devolver o resultado da seleção

Script 62 - Comando SELECT padrão

```
SELECT lista de atributos
FROM lista de tabelas
WHERE condição
```

Para o primeiro exemplo de utilização de uma consulta SQL, vamos utilizar o modelo de dados da figura 5. Inicialmente, vamos querer selecionar o nome e o tipo de pessoa de todas as pessoas cadastradas na referida tabela. O atributo Nome é responsável por armazenar o nome das pessoas e o atributo TipoPessoa é responsável por armazenar se a referida pessoa é uma pessoa física ou jurídica. Para este exemplo, a tabela envolvida é a tabela Pessoa. Sabemos que se trata apenas desta tabela, pois os dois atributos que são relevantes para esta consulta (Nome e TipoPessoa) pertencem à tabela Pessoa. Desta forma, a consulta SQL em questão é apresentada no script 63.

Script 63 - Consulta nome e tipo de pessoa

```
SELECT nome, tipopessoa
FROM pessoa
```

Perceba que, na consulta do script 63, não existe a cláusula WHERE. Isto se deve ao fato de não termos condição, ou restrição alguma neste exemplo de consulta.

O resultado da consulta do script 63 é uma relação consistindo dos atributos Nome e TipoPessoa.

A consulta do script 64 é semelhante à consulta do script 65, que seleciona todos os registros da tabela Pessoa, para todos os atributos. Entretanto, na consulta do script 64, escrevemos todos os atributos que estão envolvidos e, na consulta do script 65, utilizamos o caractere asterisco (*), que indica que todos os atributos foram utilizados.

Script 64 - Consulta todos os registros de todos os atributos da tabela pessoa

```
SELECT idpessoa, nome, tipo pessoa
FROM pessoa
```

*Script 65 - Consulta todos os registros de todos os atributos da tabela pessoa utilizando o caractere especial ***

```
SELECT *
FROM pessoa
```

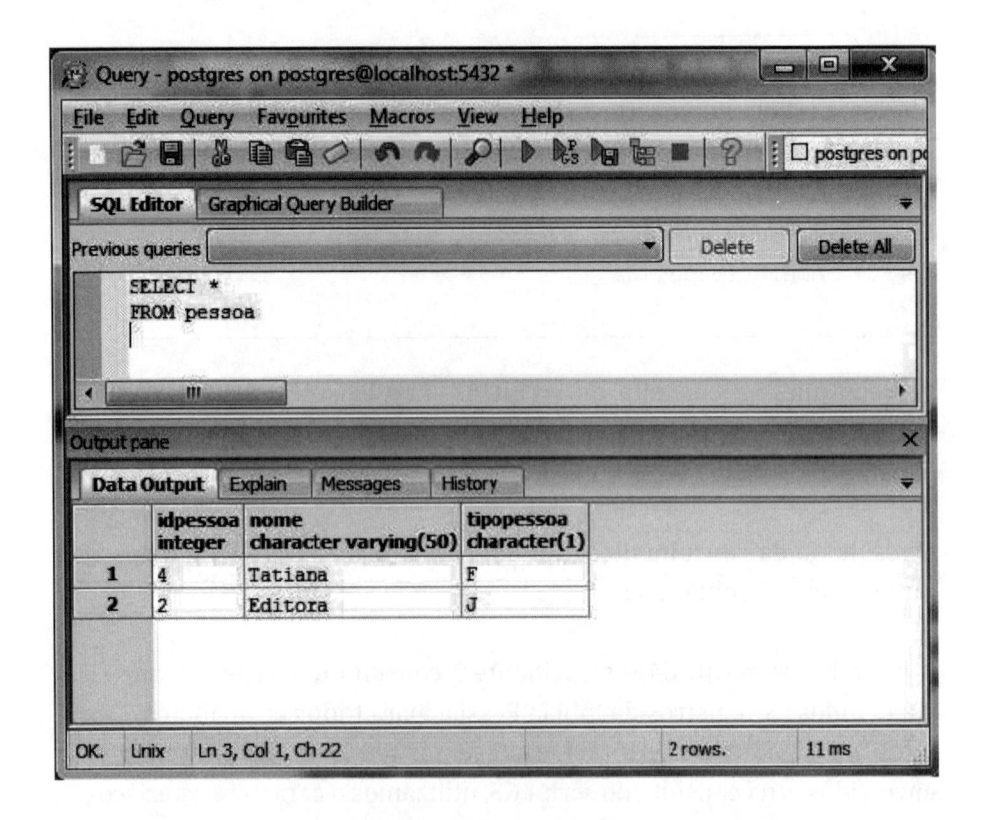

Figura 57 - Resultado da Execução da Consulta de seleção de todos os atributos da tabela pessoa

O resultado das consultas dos scripts 64 e 65 é uma relação consistindo de todos os atributos da tabela pessoa, conforme apresentados nas figuras 57 e 58 respectivamente. Perceba que os dados resultantes da aplicação das consultas são exatamente os mesmos.

Porém, se quisermos selecionar apenas os nomes das pessoas cadastradas, podemos fazê-lo da mesma forma como no script 65, porém, ao invés de utilizar o caractere especial asterisco (*) na cláusula select, colocamos o atributo nome. O resultado pode ser visto na figura 59.

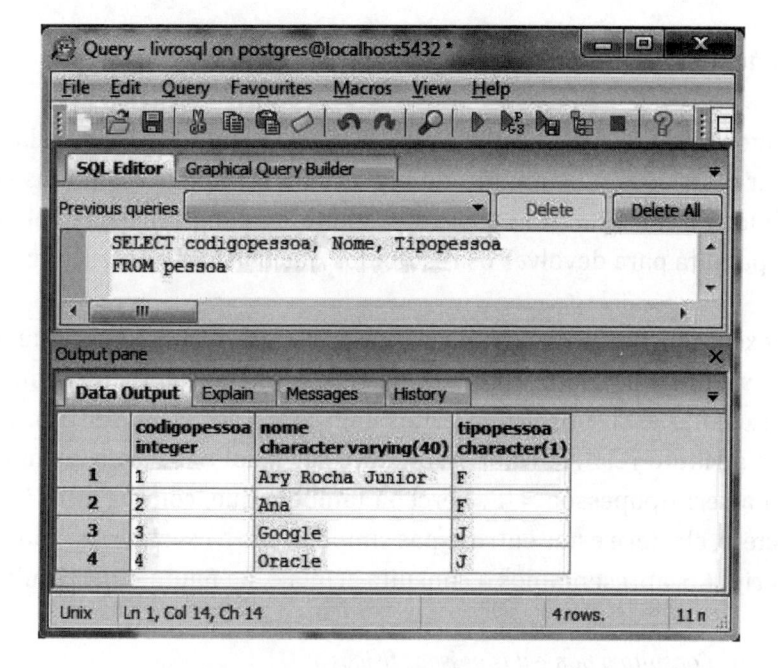

Figura 58 - Execução da Consulta do script 64

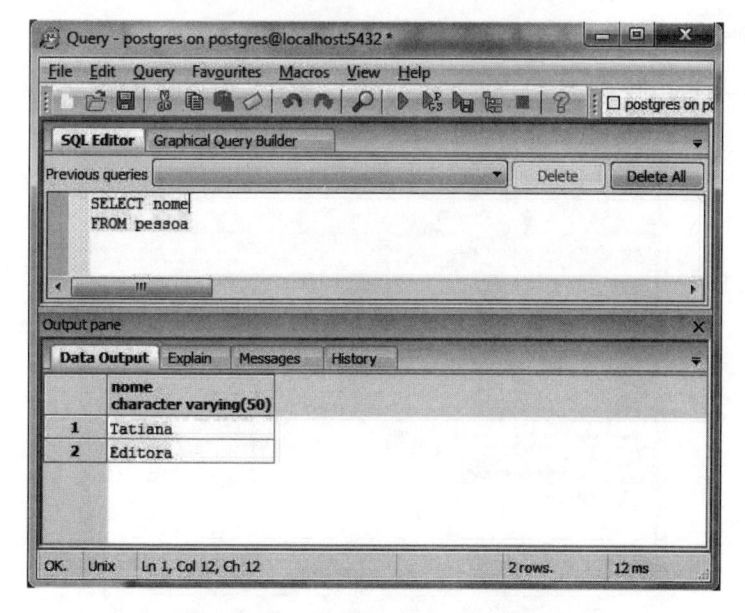

Figura 59 – Consulta nome das pessoas

b. Cláusula WHERE

Podemos entender a cláusula WHERE como sendo uma cláusula para efetuar restrições no conjunto de registros a serem apresentados como resultado da consulta. Mais especificamente, é a condição pela qual a consulta passará para devolver os resultados que o usuário necessitar.

Para exemplificar a utilização da cláusula WHERE, vamos supor que desejamos saber qual o nome das pessoas físicas cadastradas. Percebam que, para executar esta consulta, já temos uma condição clara a ser tratada, na qual o atributo relativo tipopessoa deve ser igual a F. Assim, a condição passa a ser: tipopessoa = 'F'. Perceba também que, como a letra F é um caractere, ela deve estar entre aspas simples para a execução da condição. No script 66, apresentamos a consulta acima e, na figura 60, o resultado.

Script 66 - Consulta o nome das pessoas físicas

```
SELECT nome
FROM pessoa
WHERE tipopessoa = 'F'
```

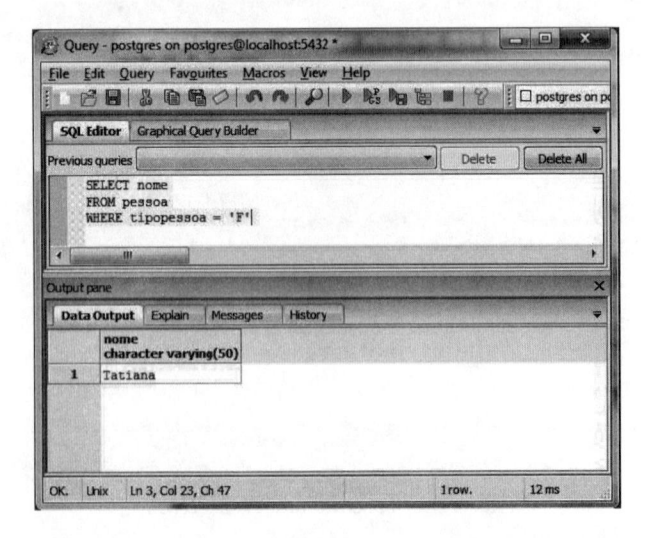

Figura 60 - Resultado da Execução da Consulta do Script 66

Desta forma, podemos perceber que na cláusula WHERE é possível escrever qualquer condição que for necessária à consulta que desejarmos executar.

Para montarmos as condições, podemos utilizar diversos tipos de operadores, como operadores relacionais (=,>,<,<=,>=,<>) – Tabela 54, lógicos (AND, OR, NOT) – Tabela 55 e outros tipos de operadores (BETWEEN, IN, IS, LIKE).

Os operadores relacionais permitem estabelecer relações entre os elementos envolvidos. O resultado da aplicação destes operadores sempre é a expressão *True* ou *False*.

Operador	Descrição	Exemplo	Resultado
=	Igual a	3 = 5	False
=	Igual a	3 = 3	True
>	Maior que	3 > 5	False
<	Menor que	3 < 5	True
<=	Menor ou igual a	3 <= 5	True
>=	Maior ou igual a	3 >= 5	False
<>	Diferente	3 <> 5	True
<>	Diferente	3 <> 3	False

Tabela 54 - Tabela de Operadores Relacionais

Para exemplificarmos a utilização dos operadores relacionais, apresentamos na figura 61 a tabela pessoa, com os seguintes atributos: nome, e-mail, datanascimento, RG, CPF.

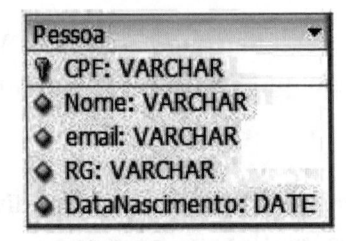

Figura 61 - Tabela Pessoa Utilizada na Seleção com operadores

No script 67, apresentamos o código SQL para criação do banco de dados TesteOperadores, no script 68, o código SQL para criação da tabela pessoa no banco de dados TesteOperadores, no script 69, os códigos SQL para inserção de dados na tabela pessoa e na figura 62, o banco de dados e a tabela criada no postgreSQL, com os dados inseridos.

Script 67 - Código para criação do banco de dados TeseOperadores

```
CREATE DATABASE TesteOperadores;
```

Script 68 - Criação da tabela pessoa para utilizar exemplos de operadores

```
CREATE TABELE PESSOA (
Cpf VARCHAR(14) PRIMARY KEY,
Nome VARCHAR(40),
Email VARCHAR(40),
Rg VARCHAR(12),
Datanascimento DATE);
```

Script 69 - Comandos SQL para inserção de dados na tabela pessoa

```
INSERT INTO PESSOA VALUES('111.111.111-11','Ana','ana@ana.
com',' ',01/01/1990);
INSERT INTO PESSOA VALUES('222.222.222-22','Ary','ary@ary.
com','123.456',01/02/1976);
INSERT INTO PESSOA VALUES('333.333.333-33', 'Tatiana','tatiana@
tatiana.com','456.789',19/03/1980);
```

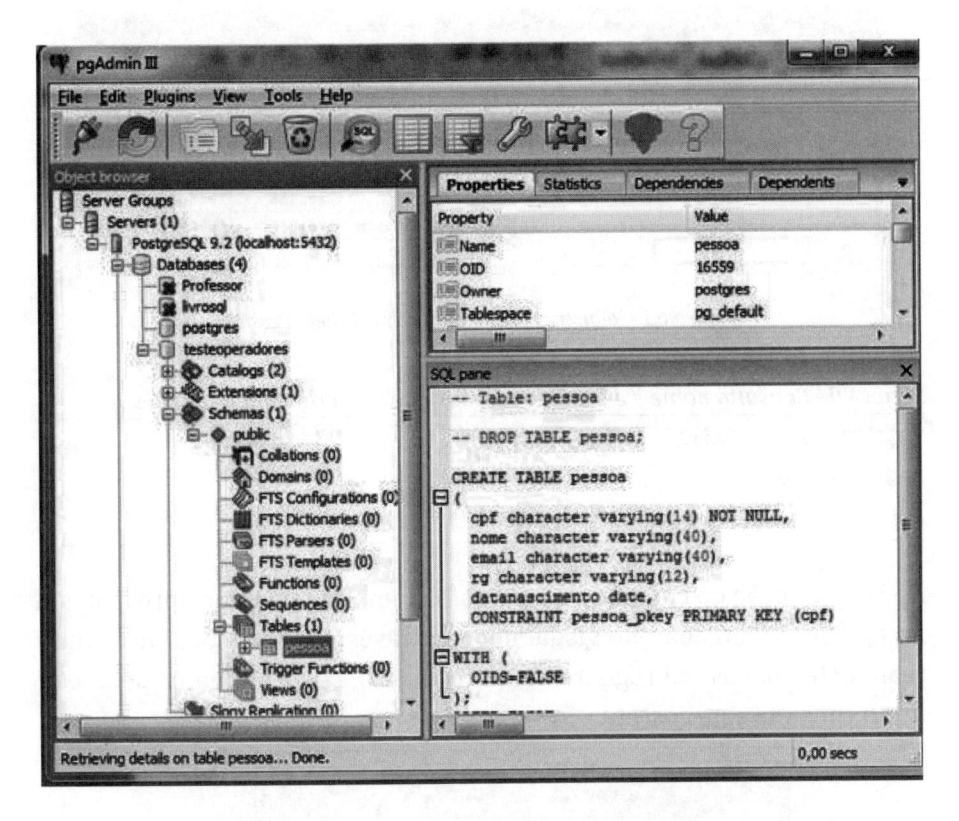

Figura 62 - Banco de dados TesteOperadores criado e tabela pessoa criada

No script 70, apresentamos um exemplo de uma consulta utilizando o operador de igualdade (=) para a consulta de nomes e e-mails das pessoas que nasceram em 01/01/1990. Assim, nesta consulta, o resultado serão os nomes e e-mail das pessoas que nasceram exatamente em 01/01/1990. Lembrando que a tabela base para estes exemplos está representada na figura 62. Na figura 63, são apresentados todos os registros armazenados na tabela Pessoa, criada através do script 69, no banco de dados TesteOperadores, criado através do script 67.

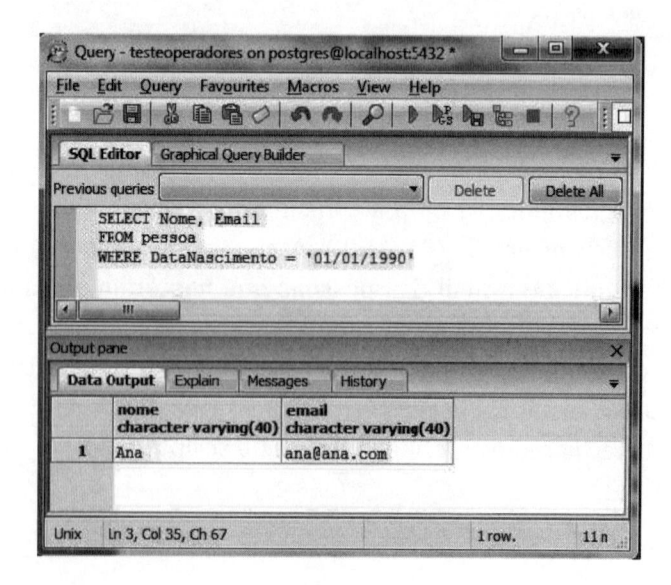

Figura 63 - Registros armazenados na Tabela Pessoa

Script 70 - Consulta nome e e-mail de pessoas que nasceram em 01/01/1990

```
SELECT nome, email
FROM pessoa
WHERE datanascimento = '01/01/1990'
```

Após a execução do comando do script 70, temos o resultado apresentado na figura 64. Perceba que visualmente, através da figura 63, que temos realmente apenas um registro como resultado. Logo, podemos perceber que a consulta está correta.

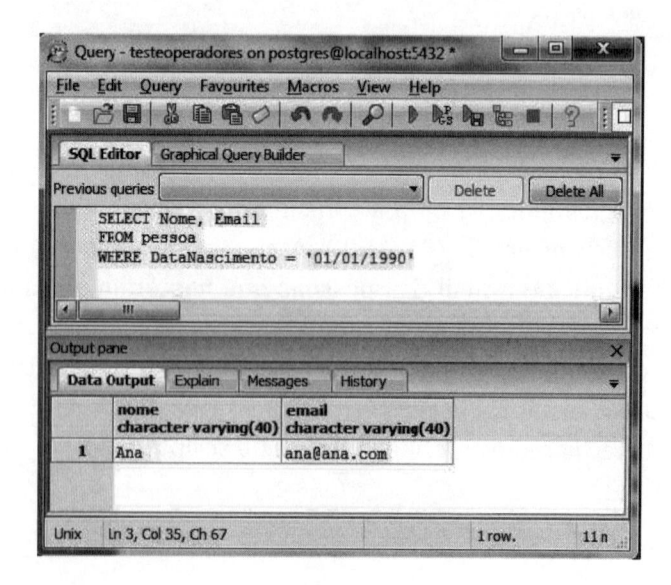

Figura 64 - Resultado da execução do script 70

No script 71, apresentamos um exemplo de uma consulta utilizando o operador "maior que" (>) para a consulta de nomes e e-mails das pessoas que nasceram depois de 01/01/1980. Assim, nesta consulta, o resultado serão os nomes e e-mail das pessoas que possuírem data de nascimento maior que 01/01/1980. Na figura 65, apresentamos o resultado da execução do comando do script 71.

Script 71 - Consulta nome e e-mail das pessoas que nasceram depois de 01/01/1980

```
SELECT nome, email
FROM pessoa
WHERE datanascimento > '01/01/1980'
```

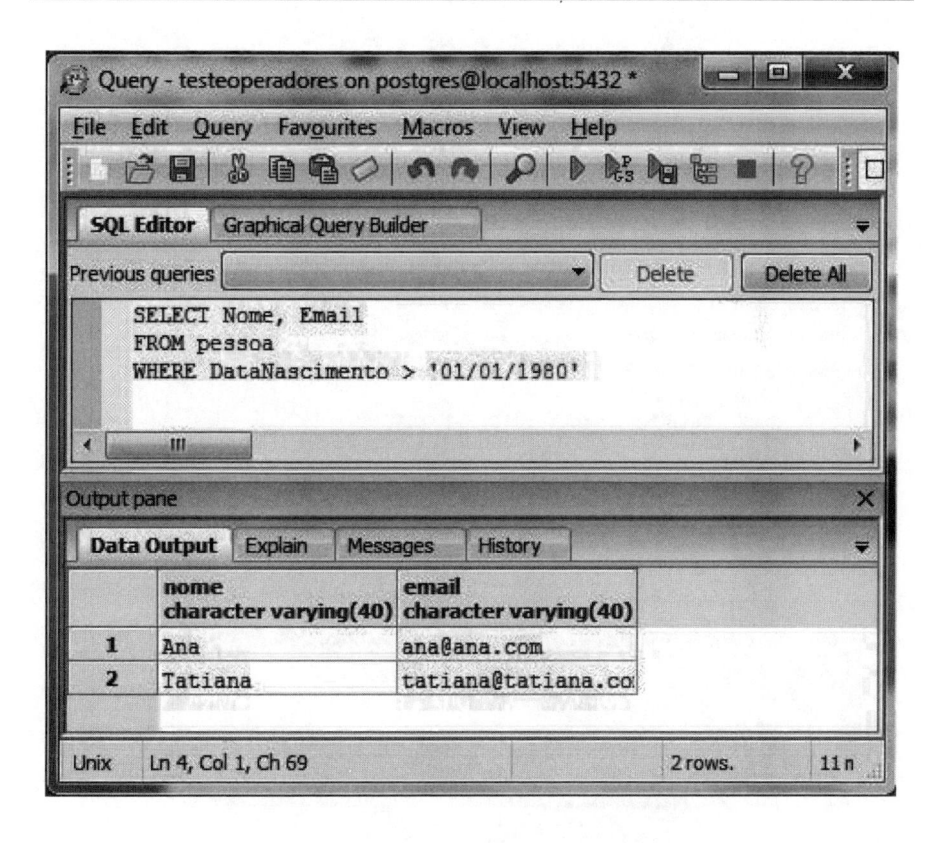

Figura 65 - Resultado da Execução do script 71

Podemos também perceber visualmente, através do script 71 e da figura 65, que o resultado da execução apresentado na figura 65 está correto.

No script 72, apresentamos um exemplo de uma consulta utilizando o operador "menor que" (<) para a consulta de nomes e e-mails das pessoas que nasceram antes de 01/01/1980. Assim, nesta consulta, o resultado serão os nomes e e-mail das pessoas com data de nascimento menor que 01/01/1980 e pode ser verificado na figura 66.

Script 72 - Consulta nome e e-mail das pessoas que nasceram antes de 01/01/1980

```
SELECT nome,e-mail
FROM pessoa
WHERE datanascimento < '01/01/1980'
```

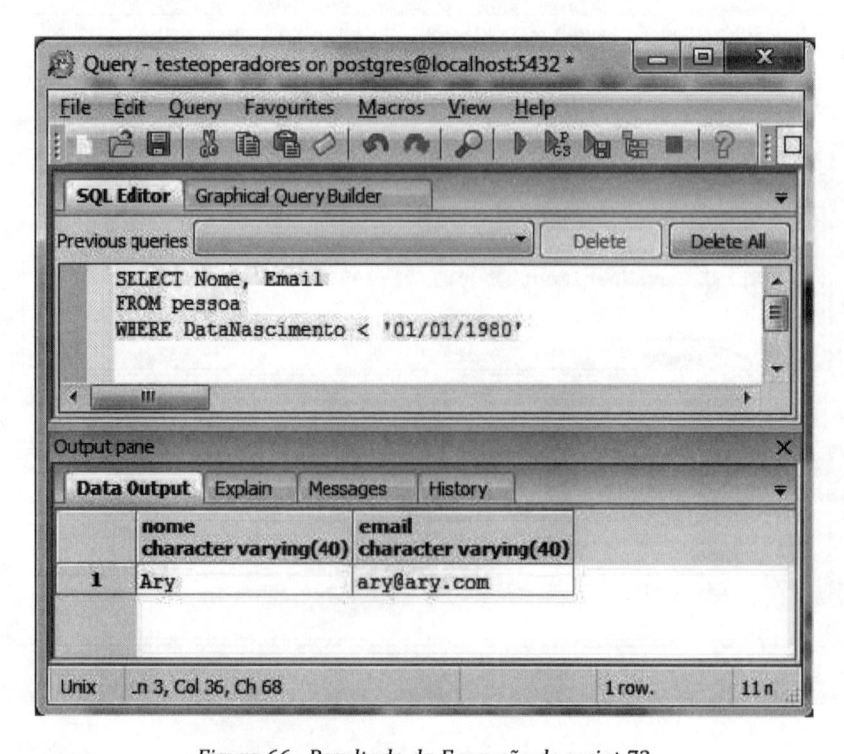

Figura 66 - Resultado da Execução do script 72

No script 73, apresentamos um exemplo de uma consulta utilizando o operador "menor ou igual a" (<=) para a consulta de nomes e e-mails das pessoas que data de nascimento menor ou igual a 01/01/1990. Assim, nesta consulta, o resultado serão os nomes e e-mail das pessoas que nasceram em 01/01/1990, ou anterior a 01/01/1990, conforme apresentado na figura 67.

Script 73 - Consulta nome e e-mail das pessoas com data de nascimento menor ou igual a 01/01/1990

```
SELECT nome, email
FROM pessoa
WHERE datanascimento <= '01/01/1990'
```

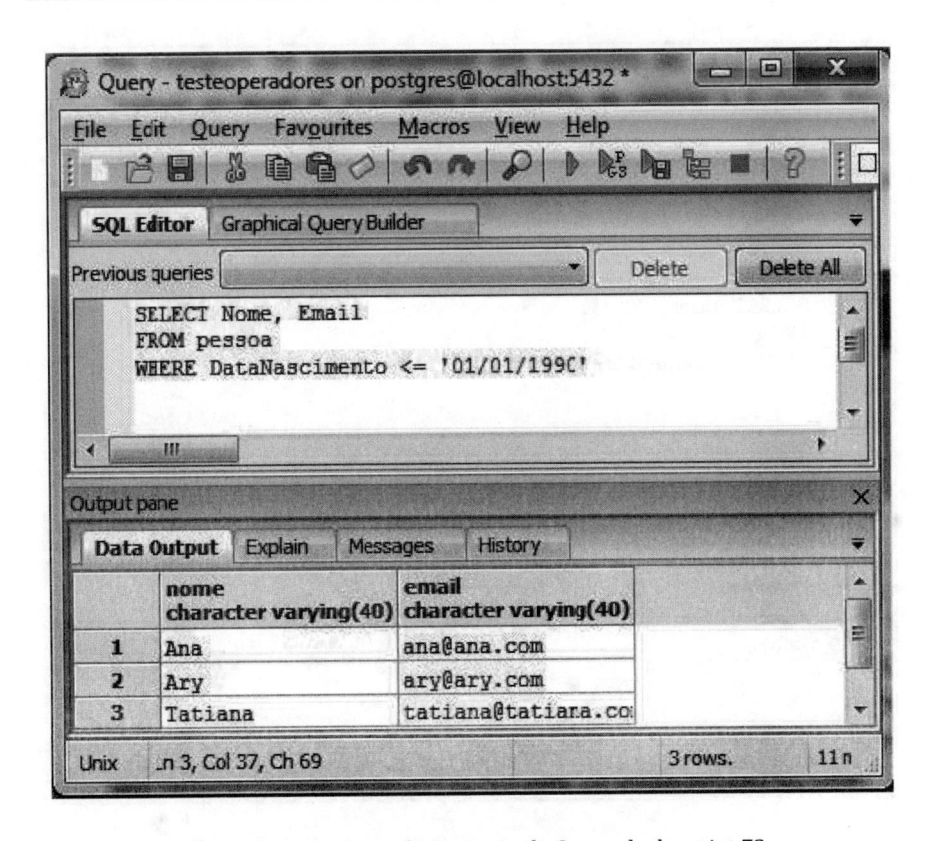

Figura 67 - Resultado da Execução do Comando do script 73

No script 74, apresentamos um exemplo de uma consulta utilizando o operador "maior ou igual a" (>=) para a consulta de nomes e e-mails das pessoas que data de nascimento maior ou igual a 01/01/1990. Assim, nesta consulta, o resultado serão os nomes e e-mail das pessoas que nasceram exatamente em 01/01/1990, ou posterior a 01/01/1990, conforme apresentado na figura 68.

Script 74 - Consulta nome e e-mail das pessoas com data de nascimento maior ou igual a 01/01/1990

```
SELECT nome, email
FROM pessoa
WHERE datanascimento >= '01/01/1990'
```

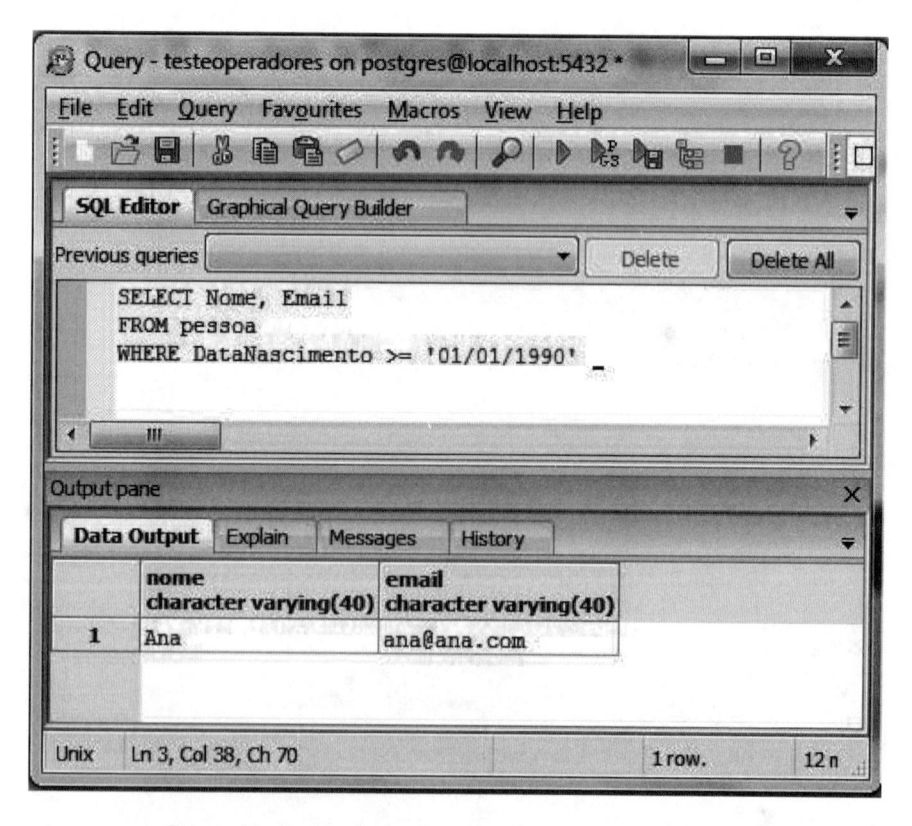

Figura 68 - Resultado da Execução do comando do script 74

No script 75, apresentamos um exemplo de uma consulta utilizando o operador "diferente" (<>) para a consulta de nomes e e-mails das pessoas que data de nascimento diferente de 01/01/1990. Assim, nesta consulta, o resultado serão os nomes e e-mail das pessoas com data de nascimento diferente de 01/01/1990, conforme apresentado na figura 69.

Script 75 - Consulta nome e e-mail das pessoas com data de nascimento diferente de 01/01/1990

```
SELECT nome, email
FROM pessoa
WHERE datanascimento <> '01/01/1990'
```

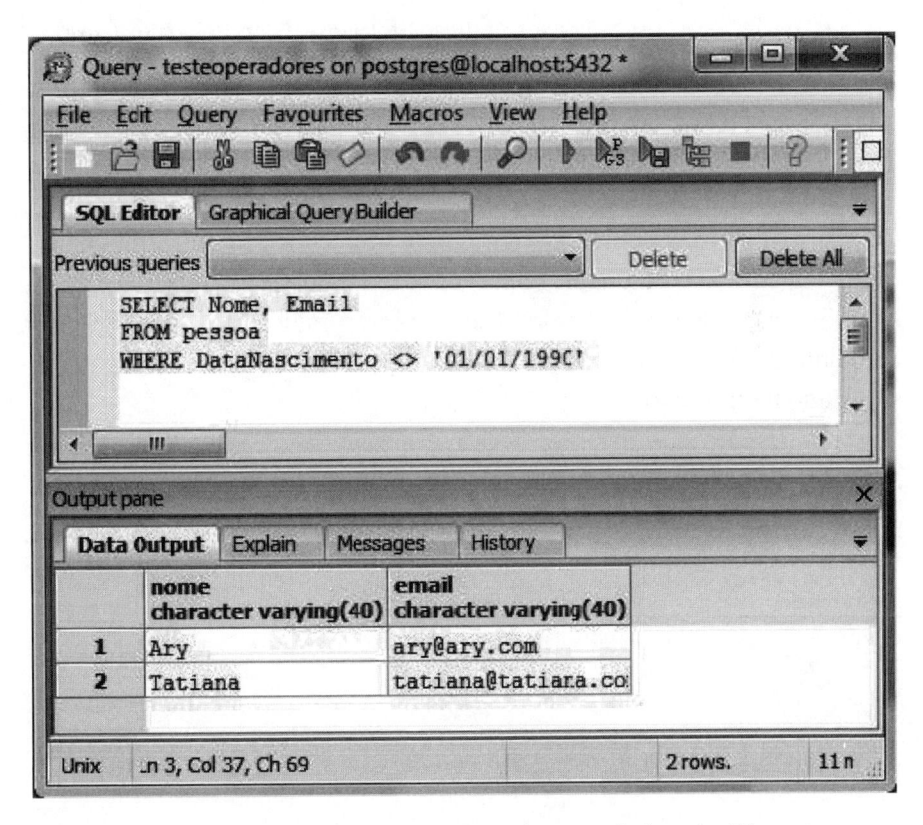

Figura 69 - Resultado da execução do comando do script 75

Os operadores lógicos (Tabela 55) funcionam sempre com operandos lógicos ou expressões que devolvam valores lógicos. O resultado da utilização de um operador lógico sempre é um valor lógico, ou seja, *true* ou *false*.

Operador	Exemplo	Resultado
AND	Condição1 AND Condição2	*True* se Condição1 for *True* e Condição 2 for *True*; *False* em qualquer outra situação.
OR	Condição1 OR Condição2	*True* se Condição1 for *True* ou se Condição 2 for *True*; *False* apenas se Condição1 for *False* e Condição2 for *False*.
NOT	NOT Condição	Negação da Condição

Tabela 55 - Tabela de Operadores Lógicos

No script 76, apresentamos o exemplo de uma consulta utilizando o operador lógico AND. A consulta apresentada neste script retorna o nome e e-mail das pessoas com data de nascimento maior que 01/01/1990 e com data de nascimento menor que 31/12/1990, conforme pode ser visualizado na figura 70.

Script 76 - Consulta nome e e-mail das pessoas que nasceram entre 01/01/1980 e 31/12/1990, utilizando o operador AND

```
SELECT nome, email
FROM pessoa
WHERE datanascimento > '01/01/1990' AND datanascimento <
'31/12/1990'
```

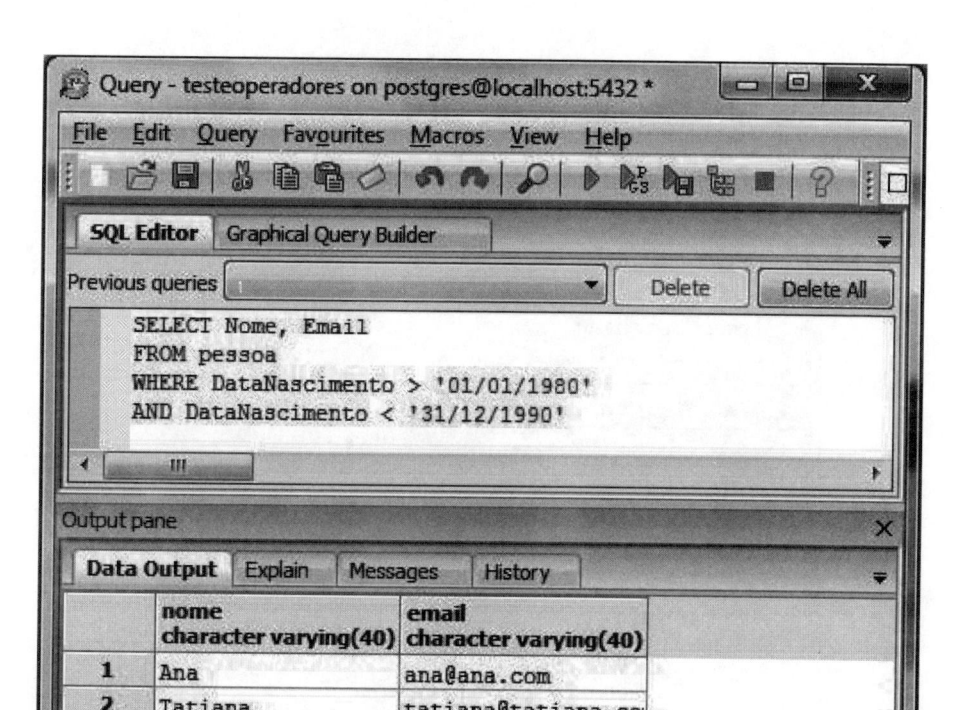

Figura 70 - Resultado da Execução do script 76

Perceba que estas condições devem sempre ser realizadas de forma separadas, ou seja, a data de nascimento tem que ser maior que 01/01/1980 e a data de nascimento deve ser menor que 31/12/1990. Em hipótese alguma podemos executar a consulta da forma como apresentamos no script 77. O erro apresentado é um erro de sintaxe, que pode ser visualizado na figura 71. Assim, podemos perceber que a sintaxe correta é a do script 76.

Script 77 - Consulta nome e e-mail das pessoas que nasceram entre 01/01/1980 e 31/12/1990, utilizando o operador AND, de forma errada

```
SELECT nome, email
FROM pessoa
WHERE datanascimento > '01/01/1980' AND < '31/12/1990'
```

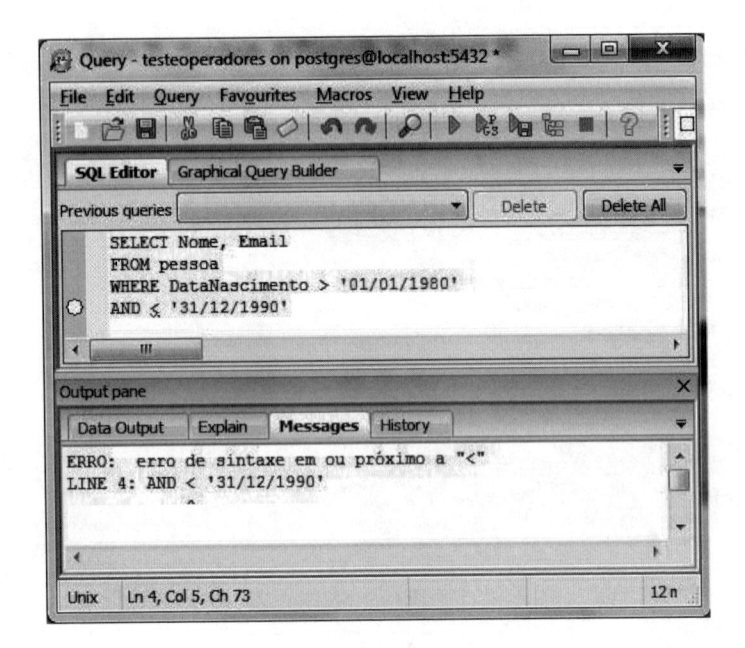

Figura 71 - Execução do script 77

O operador BETWEEN permite especificar intervalos de valores. Por exemplo, a consulta do script 75 apresenta o nome e e-mail das pessoas com data de nascimento maior que 01/01/1980 e com data de nascimento menor que 31/12/1990, utilizando o operador lógico AND. Entretanto, podemos escrever esta consulta utilizando o operador BETWEEN, pois claramente existe um intervalo de datas. Assim, no script 78 apresentamos a mesma consulta, porém com o operador BETWEEN. Ou seja, para estes casos em que existe um intervalo, o operador BETWEEN pode ser utilizado. Na figura 72, o resultado da consulta do script 78 é apresentado. Perceba que o resultado é o mesmo da figura 70.

Script 78 - Consulta nome e e-mail das pessoas que nasceram entre 01/01/ 1980 e 31/12/2990, utilizando o operador BETWEEN

```
SELECT nome, email
FROM pessoa
WHERE datanascimento BETWEEN '01/01/1980' AND '31/12/1990'
```

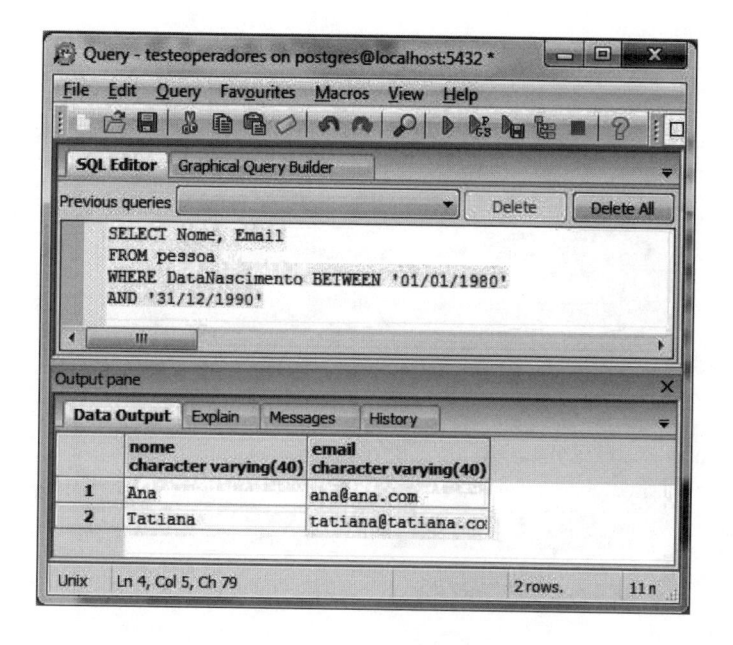

Figura 72 - Resultado da Execução do script 78

No script 78, apresentamos o exemplo de uma consulta utilizando o operador lógico OR. A consulta apresentada neste script retorna o nome e e-mail das pessoas com data de nascimento igual a 01/01/1990 ou com data de nascimento igual a 01/02/1990. Podemos perceber visualmente na figura 61, onde todos os registros da tabela são apresentados, que não existe ninguém com data de nascimento em 01/02/1990 e que existe uma pessoa com data de nascimento igual a 01/01/1990. Assim, a primeira condição é verdadeira e a segunda é falsa. Como vimos na tabela 54, o operador OR necessita que apenas uma das condições seja satisfeita para que o resultado seja apresentado. Na Figura 71, apresentamos o resultado da execução do comando apresentado no script 78.

Script 79 - Consulta nome e e-mail das pessoas que nasceram em 01/01/1990 ou em 01/02/1990, utilizando o operador OR

```
SELECT nome

FROM pessoa

WHERE datanascimento = '01/01/1990' OR datanascimento = '01/02/1990'
```

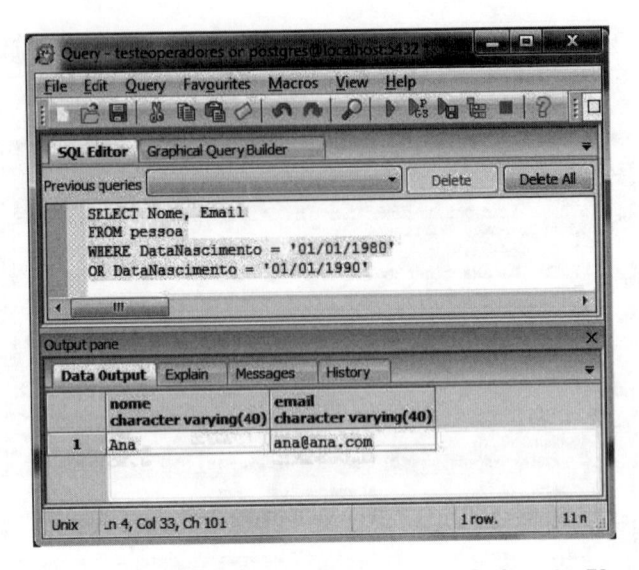

Figura 73 - Resultado da Execução do Comando do script 79

No script 80, apresentamos o exemplo de uma consulta utilizando o operador lógico NOT. A consulta apresentada neste script retorna o nome e e-mail das pessoas que não nasceram em data posterior a 01/01/1990. Esta mesma consulta poderia ser escrita conforme script 81, apresentando o mesmo resultado. Porém, o objetivo aqui é apenas apresentar uma forma de utilização do operador NOT. Na figura 74, o resultado dos dois scripts é apresentado, já que as consultas são equivalentes.

Script 80 - Consulta nome e e-mail das pessoas que não nasceram em data posterior a 01/01/1990, utilizando o operador NOT

```
SELECT nome, email
FROM pessoa
WHERE NOT (datanascimento > '01/01/1990')
```

Script 81 - Consulta nome e e-mail das pessoas que não nasceram em data posterior a 01/01/1990, utilizando o operador NOT - Reescrita de outra maneira

```
SELECT nome, email
FROM pessoa
WHERE datanascimento <= '01/01/1990'
```

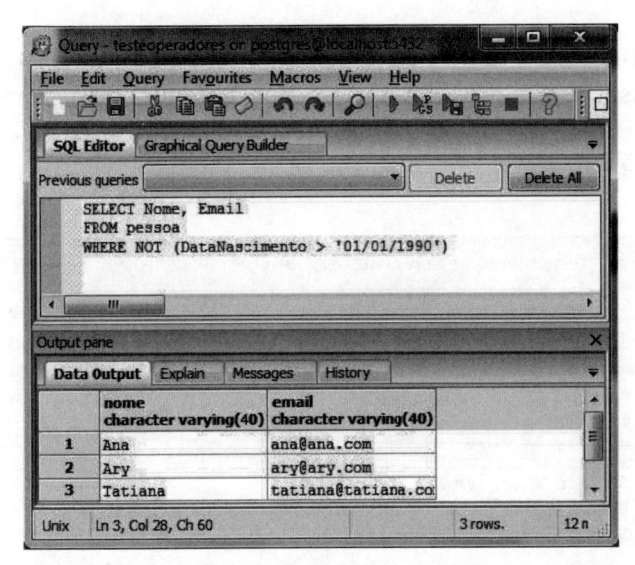

Figura 74 - Resultado da Execução do comando do script 80

A linguagem SQL ainda dispõe de alguns operadores que visam auxiliar aos usuários desenvolvedores de consultas SQL. Estes operadores simplificam de forma significativa a forma como as condições existentes na cláusula WHERE são escritas.

O operador IN permite verificar se um determinado valor faz parte de um conjunto de valores especificados. Por exemplo, vamos supor que queiramos saber quais os nomes e e-mails das pessoas que têm nomes que fazem parte do conjunto Ary, Ana, Maria. Para isto, apresentamos a referida consulta no script 82.

Script 82 - Consulta nome e e-mail das pessoas com nomes dentro de um conjunto de nomes pré-estabelecidos, utilizando o operador IN

```
SELECT nome, email
FROM pessoa
WHERE nome IN ('Ary','Ana','Maria')
```

Podemos perceber visualmente na figura 63, em que todos os registros da tabela pessoa estão inseridos, que não existe nenhuma pessoa com nome de Maria cadastrado. Logo, veja na figura 75 o resultado da execução do comando do script 82.

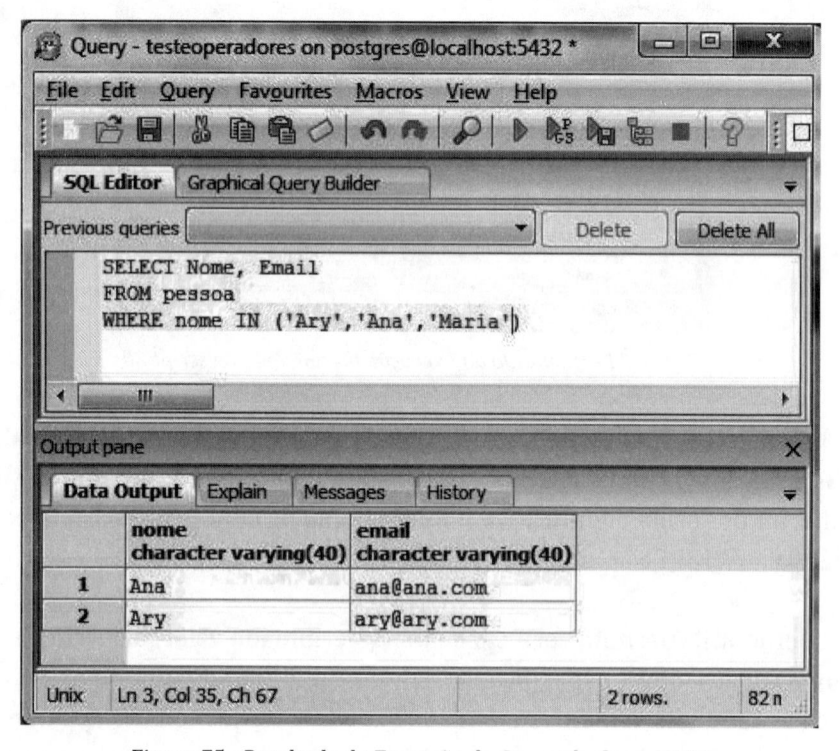

Figura 75 - Resultado da Execução do Comando do script 82

Sabemos que esta mesma consulta pode ser feita utilizando outros operadores. Entretanto, fizemos desta forma para exemplificar a utilização do operador IN.

O operador IS basicamente é utilizado para tratamento de valores nulos. Supondo que um determinado registro seja nulo, ele será tratado no banco de dados como NULL. Assim, para verificar se um determinado valor no banco de dados é nulo, utilizamos a seguinte condição: IS NULL.

A consulta do script 83 nos devolve todos os registros da tabela pessoa, conforme podemos verificar na figura 76. Perceba que não existem registros cujo atributo email possua valor nulo, ou seja, que não possua e-mail cadastrado.

Script 83 - Consulta nome das pessoas que não possuem e-mail cadastrado, utilizando o operador IS

```
SELECT nome, email
FROM pessoa
WHERE email IS NULL
```

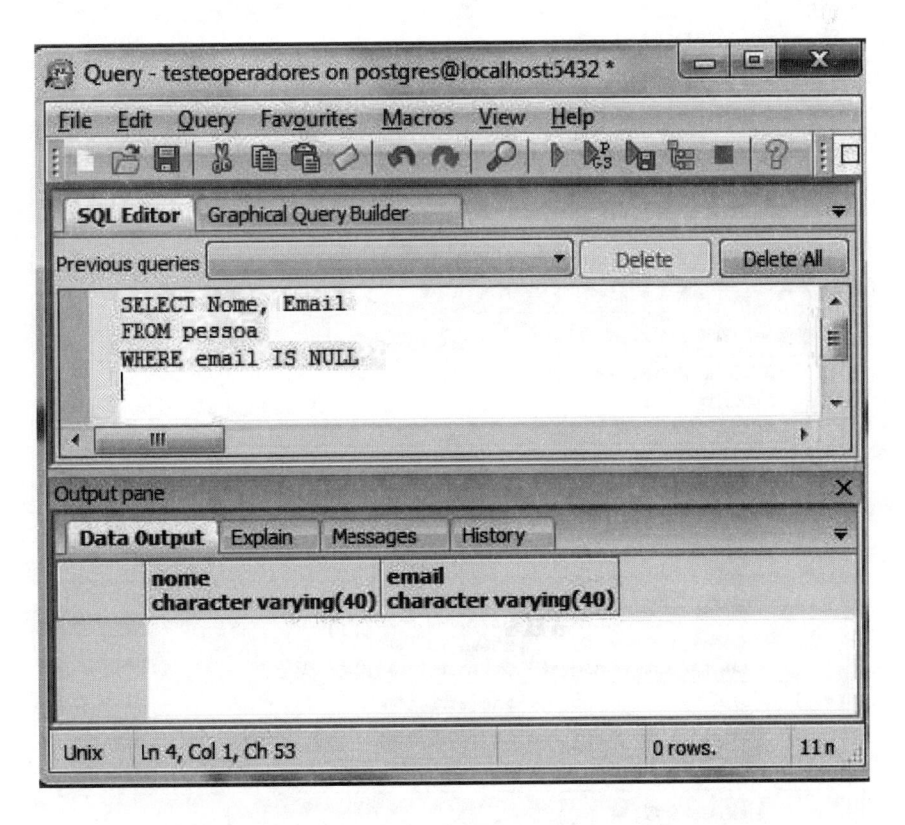

Figura 76 - Resultado da Execução do comando do script 83

O operador LIKE permite resolver alguns problemas que existem quando necessitamos consultar *strings*. Por exemplo, vamos supor que queiramos fazer uma consulta de todas as pessoas cadastradas que possuem o nome começando com a letra A. Para isto, a condição da consulta seria LIKE 'A%'. No script 84, apresentamos a consulta citada e na figura 77 o resultado da execução desta.

Script 84 - Consulta nome e e-mail das pessoas que possuem nome começando com a letra A, utilizando o operador LIKE

```
SELECT nome, email
FROM pessoa
WHERE nome LIKE 'A%'
```

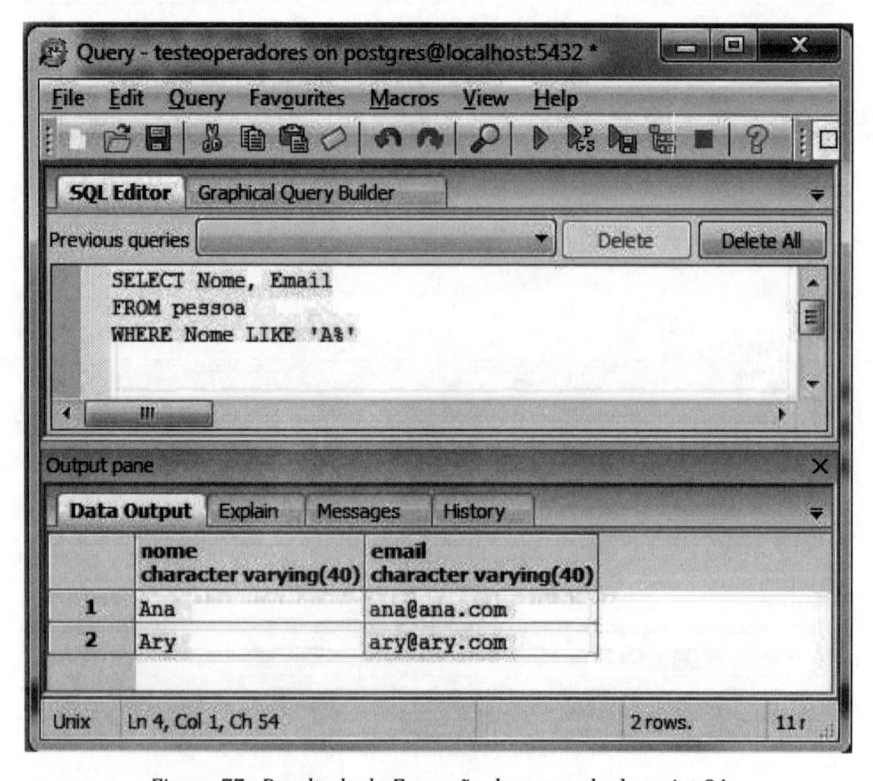

Figura 77 - Resultado da Execução do comando do script 84

Obviamente que este caso do script 84 pode ser expandido para quaisquer inícios de palavras. Não necessariamente deve ser utilizado apenas um caractere.

Vamos supor agora que queiramos fazer uma consulta de todas as pessoas cadastradas que possuam o nome terminando com a letra a, em minúsculo. Para isto, a condição da consulta seria LIKE '%a'. No script 85, apresentamos a consulta citada e, na figura 78, o resultado da execução desta. Perceba na figura 79 que, se alterarmos a letra de minúscula para maiúscula, o resultado fica diferente.

Script 85 - Consulta nome e e-mail das pessoas que possuem nome terminando com a letra a, utilizando o operador LIKE

```
SELECT nome, email
FROM pessoa
WHERE nome LIKE '%a'
```

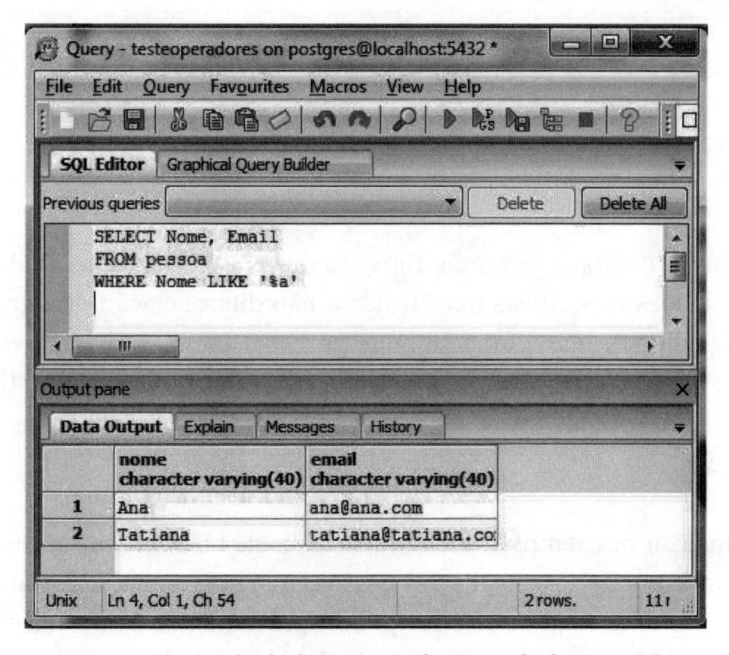

Figura 78 - Resultado da Execução do Comando do script 85

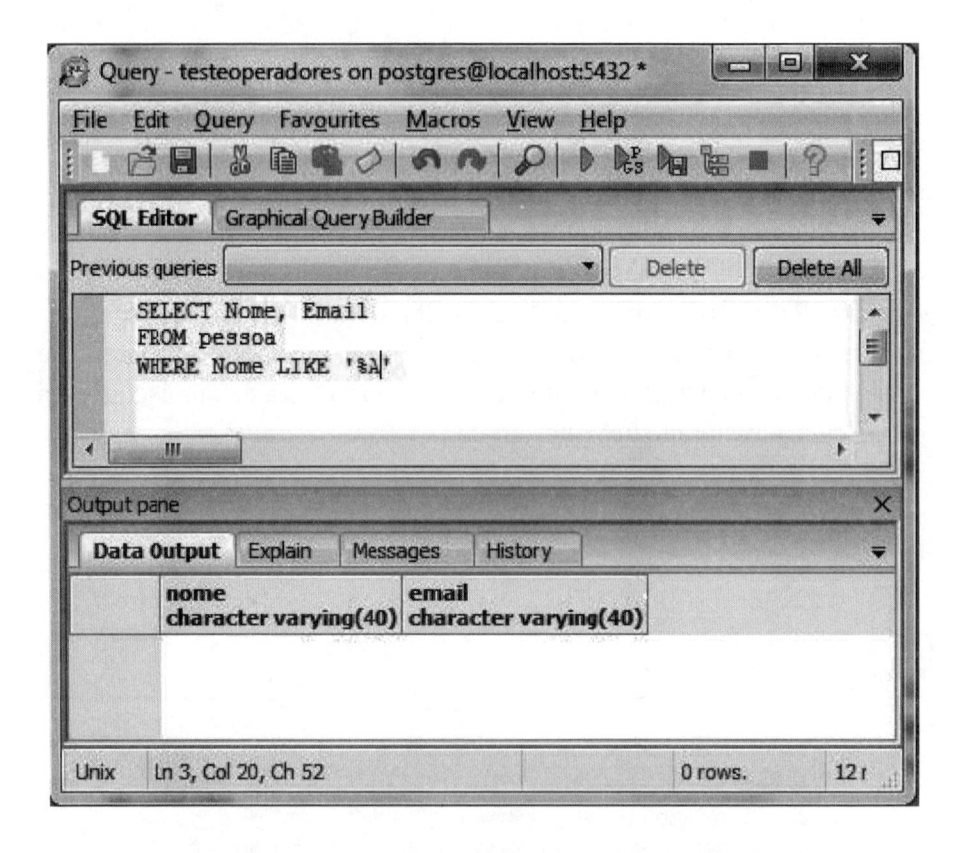

Figura 79 - Resultado da Execução do Comando do script 85 alterando apenas a letra A
para maiúsculo

Entretanto, diversos Sistemas Gerenciadores de Bancos de Dados possuem funções específicas para tratar a não diferenciação de letras maiúsculas e minúsculas, como se pode perceber com a utilização das funções UPPER() e LOWER(). Assim, basta consultar o manual do SGBD em questão que você for trabalhar, para verificar se existem variações destes comandos.

Para finalizar os exemplos utilizando a cláusula LIKE, vamos apresentar a consulta aos nomes e e-mails das pessoas que possuem a string 'na' como parte integrante ao nome. No script 86, apresentamos a referida consulta e, na figura 80, apresentamos o resultado do comando.

Script 86 - Consulta nome e e-mail das pessoas que possuem a string na como parte integrante do nome, utilizando o operador LIKE

```
SELECT nome, email
FROM pessoa
WHERE nome LIKE '%na%'
```

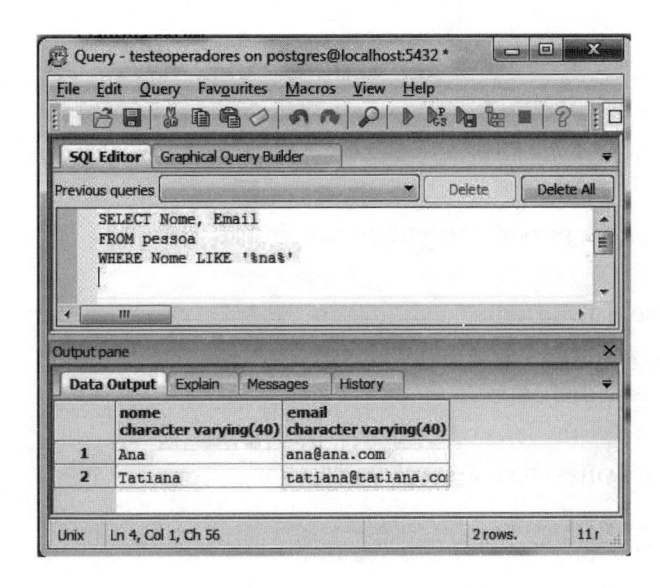

Figura 80 - Resultado da Execução do Comando do script 86

c. Cláusula FROM

A cláusula FROM da linguagem SQL corresponde à operação de produto cartesiano ou junção da álgebra relacional, dependendo da forma em que as tabelas vão se relacionar.

Para abordar este assunto, vamos utilizar o modelo de dados da figura 81, contendo um relacionamento de generalização especialização entre pessoa, funcionário e cliente, onde funcionário e cliente seriam especializações de pessoa.

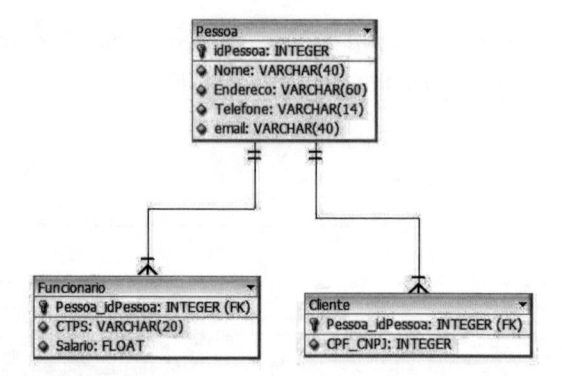

Figura 81 - Relacionamento Generalização-Especialização de Pessoa, Funcionário e Cliente

A tabela pessoa possui os seguintes atributos:

- idPessoa: armazena o código da pessoa. É a chave primária da tabela.
- Nome: armazena o nome das pessoas.
- Endereco: armazena o endereço das pessoas.
- Telefone: armazena o telefone das pessoas.
- E-mail: armazena o e-mail das pessoas.

A tabela Funcionário possui os seguintes atributos:

- Pessoa_idPessoa: armazena o código da pessoa, que será a chave primária e é chave estrangeira referenciando a tabela pessoa, uma vez que a tabela Funcionário é uma especialização da tabela Pessoa.
- CPTS: armazena a carteira de trabalho do funcionário.
- Salario: armazena o salário do funcionário.

A tabela Cliente possui os seguintes atributos:

- Pessoa_idPessoa: armazena o código da pessoa, que será a chave primária e é chave estrangeira referenciando a tabela pessoa, uma vez que a tabela cliente é uma especialização da tabela Pessoa.

- CPF_CNPJ: armazena o CPF ou o CNPJ do cliente.

No script 88, apresentamos os comandos SQL para criação das tabelas do modelo de dados da figura 81. Repare que, neste caso, colocamos todos os comandos em ordem, separados por ponto e vírgula. Assim, todos poderão ser executados simultaneamente. Sugiro, que você crie outro banco de dados, chamado TesteFROM, conforme Script 87 para a criação destas tabelas. Na figura 82, você pode visualizar o resultado da criação do banco de dados e das referidas tabelas.

Script 87 - Comando para Criação do Banco de Dados TesteFROM

```
CREATE DATABASE TesteFROM;
```

Script 88 - Comandos SQL para criação das tabelas da Figura 81

```
CREATE TABLE pessoa (
idPessoa integer NOT NULL,
Nome varchar(40),
Endereco varchar(60),
Telefone varchar(14),
Email varchar(40),
PRIMARY KEY (idPessoa));

CREATE TABLE funcionario (
Pessoa_idPessoa integer NOT NULL,
CTPS varchar(20),
Salario float,
PRIMARY KEY (Pessoa_idPessoa),
FOREIGN KEY (Pessoa_idPessoa) REFERENCES pessoa(idPessoa));

CREATE TABLE cliente(
Pessoa_idPessoa integer NOT NULL,
CPF_CNPJ integer,
PRIMARY KEY (Pessoa_idPessoa),
FOREIGN KEY (Pessoa_idPessoa) REFERENCES pessoa (idpessoa));
```

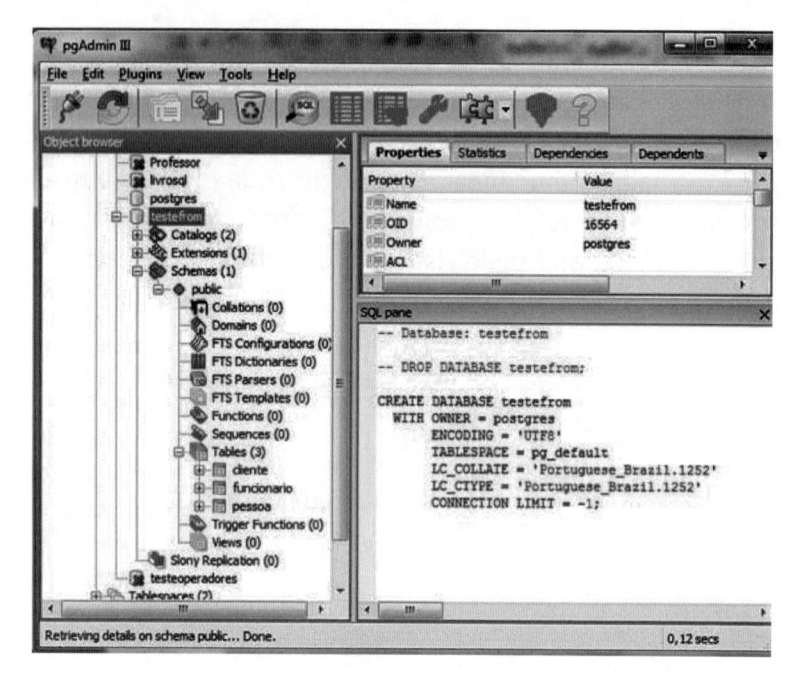

Figura 82 - Banco de Dados TesteFROM e suas tabelas criadas

Para realizarmos os testes, vamos inserir dados nas tabelas do banco de dados TesteFROM criado.

No script 89, apresentamos os comandos para inserção de dados nas três tabelas criadas.

Script 89 - Comandos SQL para inserção de dados nas tabelas do banco de dados TesteFROM

```
insert into pessoa values (1,'Ary','Rua X','1111','contato@
aryrochajunior.com');
insert into pessoa values (2,'Ana','Rua Y','2222','ana@aryro-
chajunior.com');
insert into pessoa values (3,'Tatiana','Rua Z','3333','tatiana@
aryrochajunior.com');
insert into funcionario values (1,'1234',1000);
insert into funcionario values (2,'5678',2000);
insert into cliente values (3,1234);
```

Na figura 83, apresentamos todos os dados inseridos na tabela pessoa. Podemos perceber que existem três pessoas cadastradas.

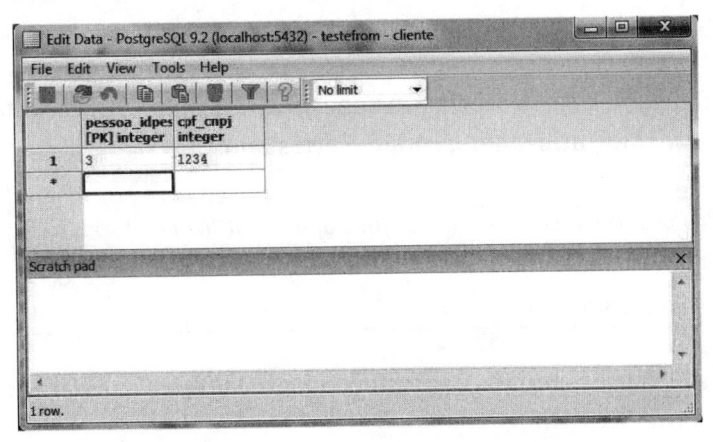

Figura 83 - Dados inseridos na tabela Pessoa

Na figura 84, apresentamos os dados inseridos na tabela cliente. Podemos perceber que existe apenas um registro cadastrado, com o atributo pessoa_idpessoa = 3. Como sabemos que este atributo é chave estrangeira referenciando a tabela pessoa, portanto, sabemos que a pessoa de nome Tatiana é um cliente.

Figura 84 - Dados inseridos na tabela cliente

Na figura 85, apresentamos os dados inseridos na tabela funcionario. Podemos perceber que existem dois registros cadastrados, com o atributo pessoa_idpessoa = 1 e 2. Como sabemos que este atributo é chave estrangeira referenciando a tabela pessoa, portanto, sabemos que as pessosa de nome Ary e Ana são funcionários.

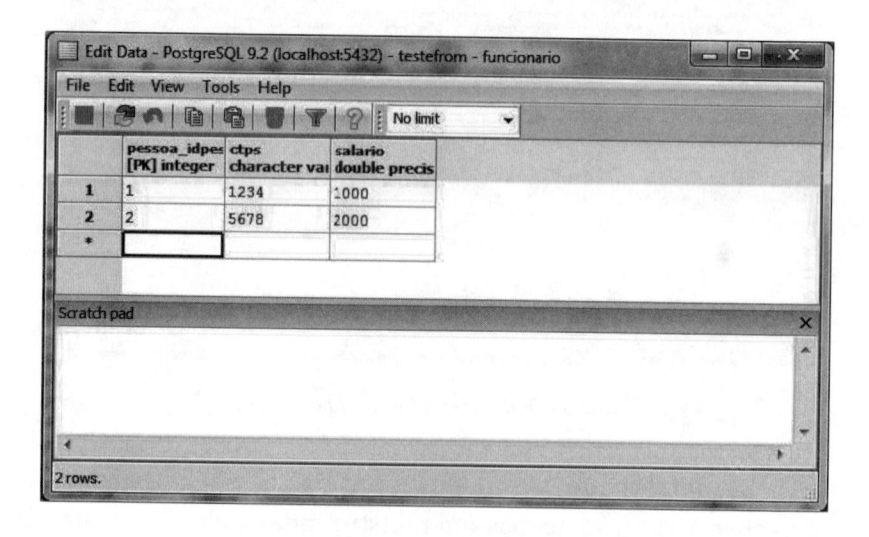

Figura 85 - Dados inseridos na tabela funcionario

Após a inserção de dados nas referidas tabelas do banco de dados TesteFROM, inicialmente, gostaríamos de saber o nome e o e-mail das pessoas cadastradas que são funcionários. Para isto, as duas tabelas devem se relacionar, ou seja, pessoa e funcionario. No script 90, apresentamos a referida consulta, utilizando produto cartesiano.

Script 90 - Consulta nome e e-mail dos funcionários utilizando produto cartesiano

```
SELECT Nome, Email
FROM pessoa, funcionario
```

Na figura 86, apresentamos o resultado da execução da consulta apresentada no script 90.

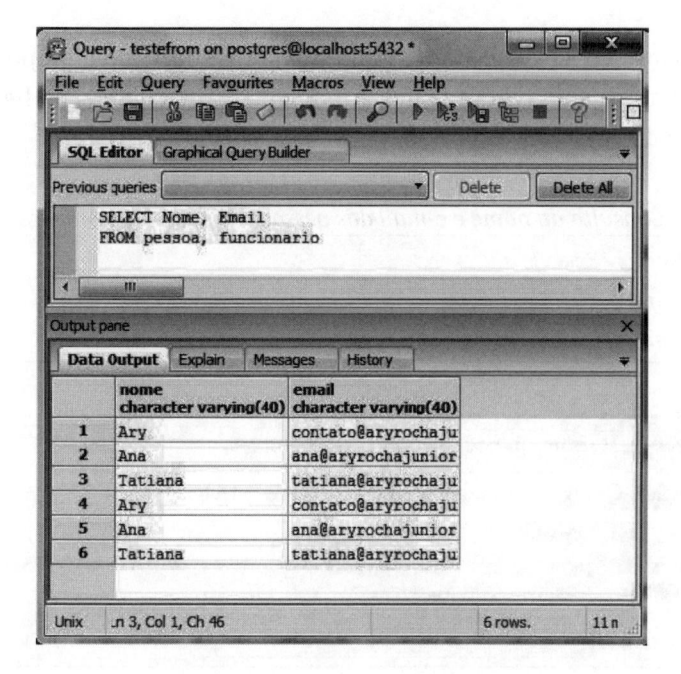

Figura 86 - Resultado da Execução do Comando da Script 90

O objetivo da consulta do script 90 é apresentar todas as pessoas que também são funcionários. Entretanto, conforme figura 83 e figura 84, que se relacionam, podemos perceber que apenas as pessoas com nome Ary e Ana são funcionários.

Na figura 86, percebemos então alguns erros na consulta do script 90. O primeiro deles é que os nomes ficaram repetidos. O segundo é que a pessoa de nome Tatiana também apareceu como resultado. O motivo disto ter ocorrido é dado pelo conceito de produto cartesiano, que apresenta como resultado todas as combinações possíveis entre as tabelas pessoa e funcionario, com os atributos descritos na cláusula select. Portanto, para resolver este problema, devemos utilizar o conceito de chave estrangeira, ou seja, o código da pessoa na tabela pessoa deve ser o mesmo da tabela funcionário. Logo, podemos perceber que esta informação trata-se de uma condição e, portanto, precisamos da cláusula WHERE para realizar tal restrição.

Desta forma, no script 91 apresentamos a mesma consulta, porém, adicionando a cláusula where com a condição estabelecida e, na figura 87, o resultado do referido comando.

Script 91 - Consulta do nome e e-mail das pessoas que são funcionários

```
SELECT Nome, Email
FROM pessoa, funcionario
WHERE pessoa.idPessoa = funcionario.Pessoa_idPessoa
```

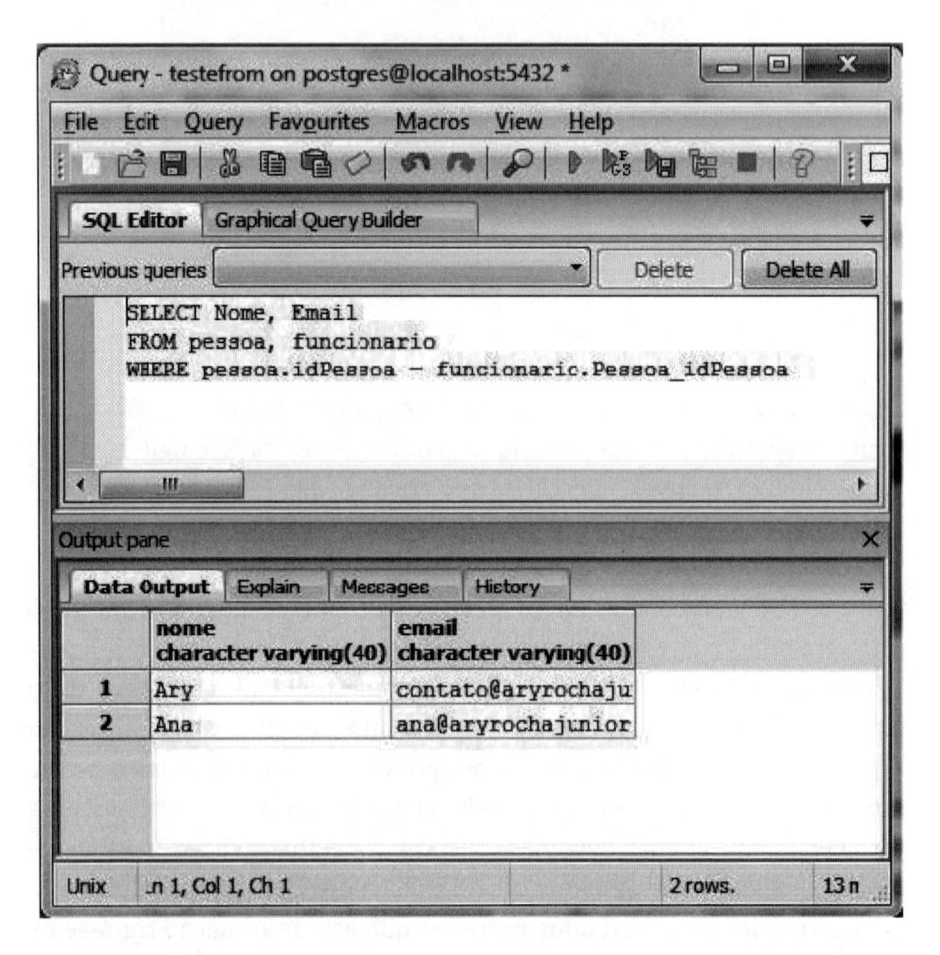

Figura 87 - Resultado da Execução do comando do script 91

Conforme podemos perceber na figura 85, existem apenas duas pessoas que são funcionários e estas pessoas possuem códigos 1 e 2. Se formos visualizar na tabela pessoa, perceberemos que o nome delas é Ary e Ana respectivamente. Logo, o resultado da consulta do script 91 está correto, conforme apresentado na figura 87.

Este ponto é de grande importância. Sempre que formos utilizar produto cartesiano, as condições de chave estrangeira devem ser satisfeitas na cláusula WHERE conforme apresentamos no script 91 e nunca devemos utilizar a consulta do script 90. Percebemos que os resultados do script 90, apresentados na figura 86 estão errados e os resultados do script 91 apresentados na figura 87 estão corretos. Portanto, devemos sempre ficar atentos a este ponto.

Logo, para exercitarmos um pouco mais, vamos apresentar uma consulta SQL para listar todas as pessoas que são clientes. Esta consulta é apresentada no script 92.

Script 92 - nome e e-mail de pessoas que são clientes

```
SELECT Nome, Email
FROM pessoa, cliente
WHERE pessoa.idPessoa = cliente.Pessoa_idPessoa
```

Na figura 88, apresentamos o resultado da consulta do script 92. Perceba, conforme figura 84 que temos apenas uma pessoa cadastrada como cliente, com código igual a 3. Fazendo a referência de chave estrangeira, na tabela pessoa apresentada na figura 83, podemos perceber que a pessoa com código igual a 3 tem o nome de Tatiana. Logo, perceba na figura 88 que o resultado da consulta do script 92 está correta.

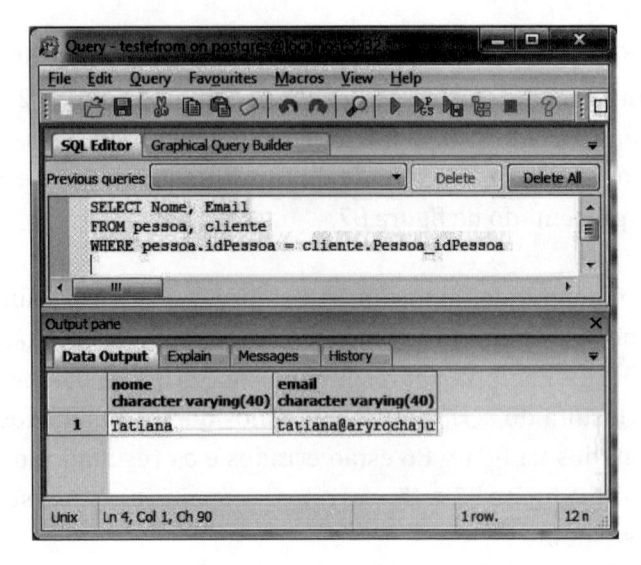

Figura 88 - Resultado da Execução do comando do script 92

Além da utilização de produto cartesiano, outra forma de unir tabelas é através da junção da álgebra relacional. Em SQL, a junção é efetuada através da cláusula JOIN. Da mesma forma como nas consultas dos scripts 91 e 92, apresentamos as mesmas utilizando junção, nos scripts 93 e 94, respectivamente. Também, respectivamente, nas Figuras 89 e 90, apresentamos os resultados dos referidos comandos apresentados nos scripts em questão. Perceba que esta consulta possui ideia bastante semelhante à ideia da consulta utilizando produto cartesiano, com a diferença que a igualdade das chaves estrangeiras está sendo tratada na cláusula FROM, juntamente com o JOIN.

Porém, existem algumas diferenças básicas conceituais entre produto cartesiano e junção, que devem ser verificadas na documentação relativa à Álgebra Relacional.

Script 93 - Consulta nome e e-mail dos funcionários utilizando junção

```
SELECT Nome, Email
FROM pessoa JOIN funcionario ON pessoa.idPessoa = funcionario.
Pessoa_idPessoa
```

Script 94 - Consulta nome e e-mail dos clientes utilizando junção

```
SELECT Nome, Email
FROM pessoa JOIN cliente ON pessoa.idPessoa = cliente.Pessoa_
idPessoa
```

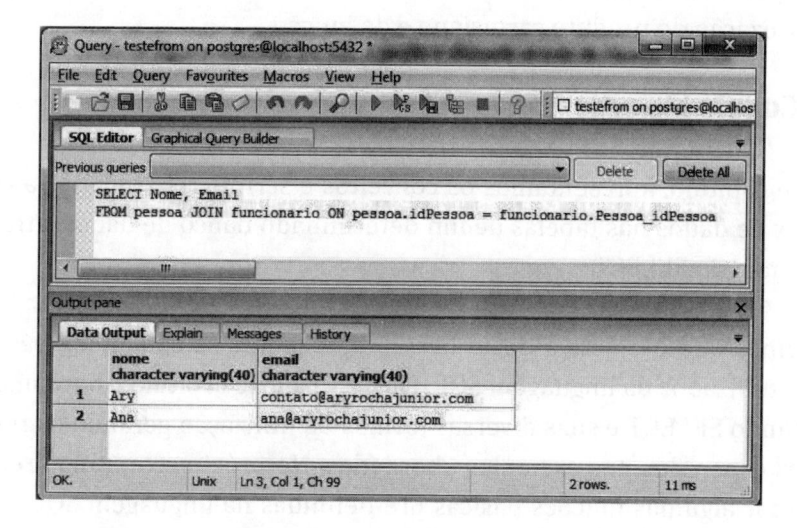

Figura 89 - Resultado da execução do comando do script 93

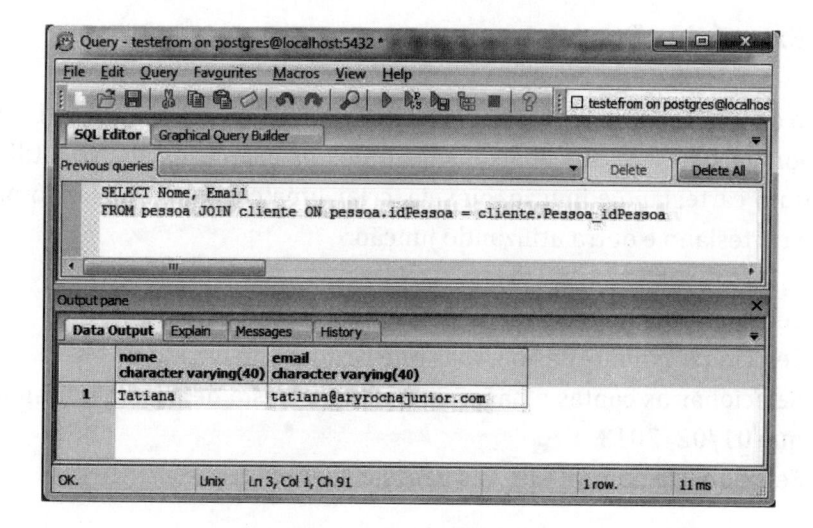

Figura 90 - Resultado da execução do comando do script 94

Você pode perceber que o resultado das consultas dos scripts 91 e 92 apresentados nas figuras 87 e 88, respectivamente, têm os mesmos valores, assim como nos scripts 93 e 94 apresentados nas figuras 89 e 90. Logo, as consultas dos scripts 91 e 93 são equivalentes, assim como as consultas dos scripts 92 e 94. A diferença entre elas é estabelecida no fato da utilização do produto cartesiano e da junção.

3. Conclusão

Neste capítulo, apresentamos os conceitos e scripts relacionados a consultas de dados nas tabelas de um determinado banco de dados, através do comando SELECT.

Sabemos que o objetivo deste livro é apresentar os comandos básicos mais utilizados da linguagem SQL. Para isto, neste capítulo, abordamos o comando SELECT e suas diversas formas de utilização gerando os resultados esperados nos exemplos abordados. No próximo capítulo, iremos abordar algumas funções básicas pré-definidas na linguagem SQL, utilizadas nas consultas de dados.

4. Exercícios Propostos

Dado o modelo de dados apresentado na figura 5, crie consultas SQL para responder os exercícios abaixo. Para todos os exercícios abaixo, utilizar produto cartesiano e junção, ou seja, criar uma consulta utilizando produto cartesiano e outra utilizando junção.

1. Selecionar o nome e endereço das pessoas cadastradas.
2. Selecionar o nome das pessoas que residem no estado de MG
3. Selecionar as contas a pagar com data prevista de pagamento maior que 01/02/2013.
4. Selecionar o nome e CPF das pessoas físicas

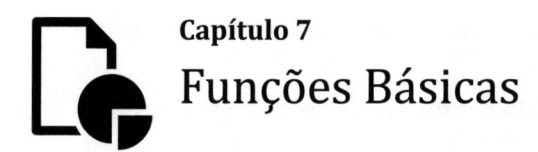

Capítulo 7

Funções Básicas

1. Objetivos do Capítulo

Neste capítulo, o objetivo principal é a apresentação de algumas funções básicas pré-definidas da linguagem SQL utilizadas para consultas de dados em tabelas de um banco de dados. Assim, ao final, espero que você consiga utilizar as seguintes funções:

- MAX
- MIN
- AVG
- SUM
- COUNT
- DISTINCT.

Todos estes pontos serão apresentados com base em exemplos práticos, que podem ser executados por você juntamente com a leitura do capítulo.

2. Funções

A linguagem SQL apresenta diversas funções pré-definidas, que podem ser consultadas nos manuais dos sistemas gerenciadores de bancos de dados que você deseja utilizar. Entretanto, neste livro, apresentaremos algumas funções básicas tais como: MAX, MIN, AVG, SUM, COUNT, DISTINCT.

- MAX: Devolve como resultado o registro com o maior valor do atributo considerado.
- MIN: Devolve como resultado o registro com o menor valor do atributo considerado.
- AVG: Devolve como resultado o valor da média dos registros do atributo considerado.
- SUM: Devolve como resultado o valor da soma dos registros do atributo considerado.
- COUNT: Devolve a quantidade de registros.
- DISTINCT: Devolve os registros diferentes do atributo considerado.

Utilizando o modelo de dados da figura 81, apresentaremos exemplos da utilização das funções que citamos.

a. MAX

A primeira delas é a função MAX, que retorna o registro com maior valor. Podemos perceber, na figura 85, que existe o atributo salário na tabela funcionários. Desta forma, no script 95, apresentamos uma consulta que seleciona o valor do maior salário dos funcionários cadastrados. Neste consulta, utilizaremos o JOIN para efetuar a junção entre as tabelas pessoa e funcionario. Na Figura 91, apresentamos o resultado da execução do comando do script 95.

Script 95 - Consulta o valor do maior salário dentre os funcionários cadastrados

```
SELECT max(salario)
FROM pessoa JOIN funcionario ON pessoa.idPessoa = funcionario.
Pessoa_idPessoa
```

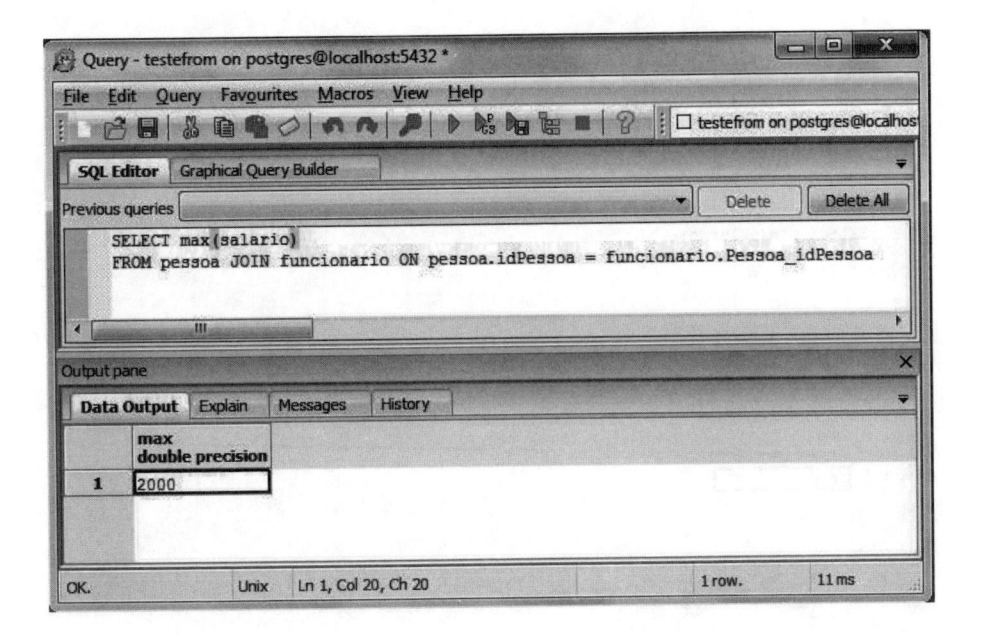

Figura 91 - Resultado da Execução do comando do script 95

b. MIN

Da mesma forma como a função MAX, a função MIN faz o trabalho inverso, ou seja, ela retorna o menor valor dentre os registros. Desta forma, no script 96, apresentamos uma consulta que seleciona o valor do menor salário dos funcionários cadastrados. Neste consulta, também utilizaremos JOIN para efetuar a junção entre as tabelas pessoa e funcionario. Na figura 92, apresentamos o resultado da execução do comando do script 96.

Script 96 - Consulta o valor do menor salário dentre os funcionários cadastrados

```
SELECT min(salario)
FROM pessoa JOIN funcionario ON pessoa.idPessoa = funcionario.
Pessoa_idPessoa
```

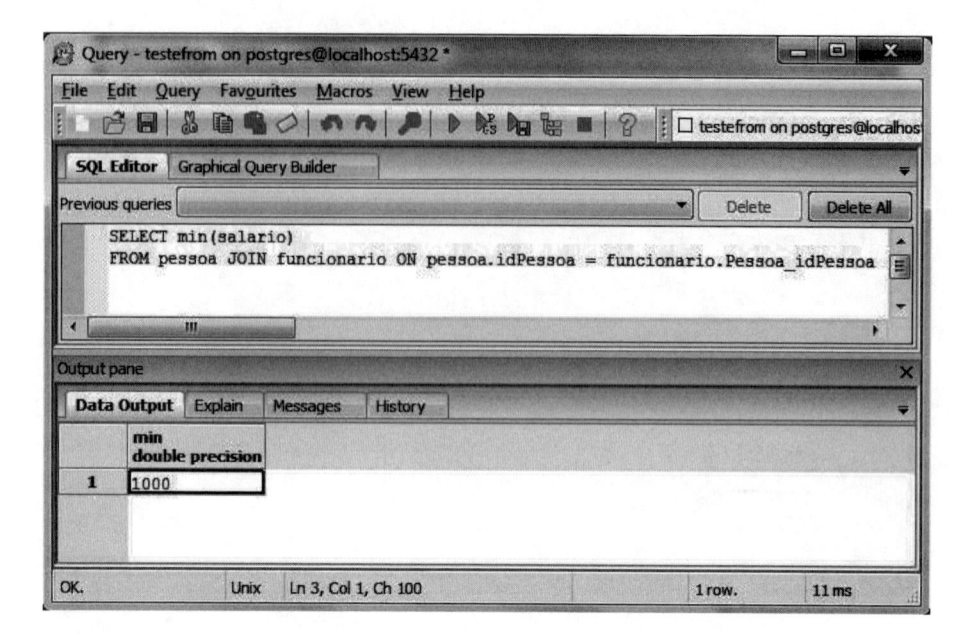

Figura 92 - Resultado da Execução do comando do script 96

c. AVG

Outra função que iremos apresentar é a função AVG, que é uma abreviação da palavra *average*, que significa média. Logo, esta função faz a média de determinados valores apresentados em alguns registros. Desta forma, no script 96, apresentamos a consulta SQL que retorna o valor da média salarial entre os funcionários cadastrados. Podemos perceber, na figura 85, que apresenta a tabela funcionario com seus dados cadastrados que existem apenas dois registros de funcionários, um com R$ 1000,00 e outro com R$ 2000,00 de salário. Logo, a média entre eles é R$ 1500,00, conforme apresentado na figura 93, mostrando que o script 97 está correto.

Script 97 - Consulta a média salarial dos funcionários cadastrados

```
SELECT avg(salario)
FROM pessoa JOIN funcionario ON pessoa.idPessoa = funcionario.
Pessoa_idPessoa
```

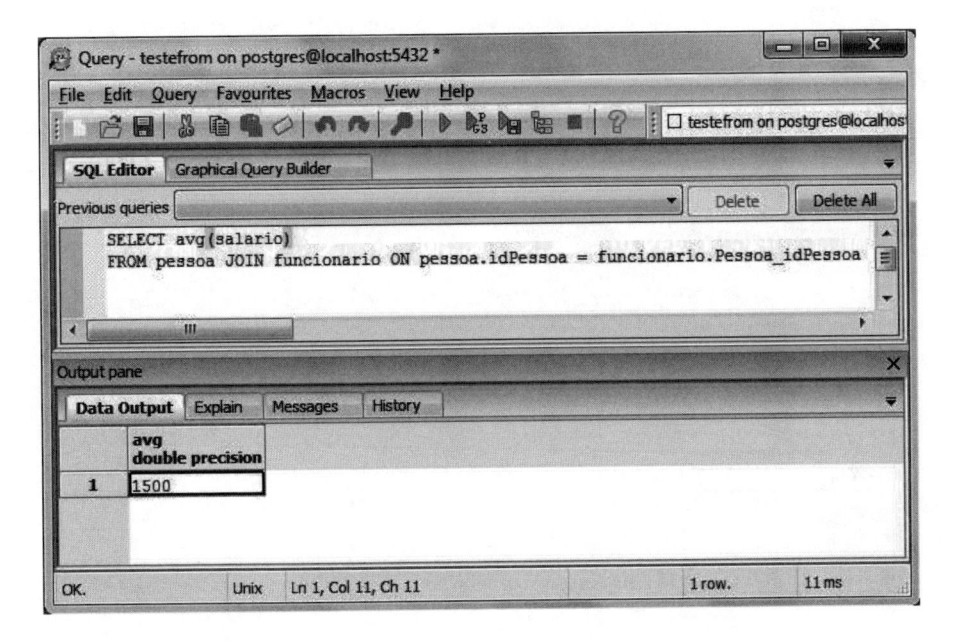

Figura 93 - Resultado da Execução do comando do script 97

d. SUM

Outra função que iremos apresentar é a função SUM. Esta função faz a soma de determinados valores apresentados em alguns registros. Desta forma, no script 98 apresentamos a consulta SQL que retorna o valor da soma de todos os salários dos funcionários cadastrados. Podemos perceber, na figura 85, que apresenta a tabela funcionario com seus dados cadastrados que existem apenas dois registros de funcionários, um com R$ 1000,00 e outro com R$ 2000,00 de salário. Logo, a soma entre eles é R$ 3000,00, conforme apresentado na figura 94, mostrando que o script 98 está correto.

Script 98 - Consulta a soma dos salários dos funcionários cadastrados

```
SELECT sum(salario)
FROM pessoa JOIN funcionario ON pessoa.idPessoa = funcionario.
Pessoa_idPessoa
```

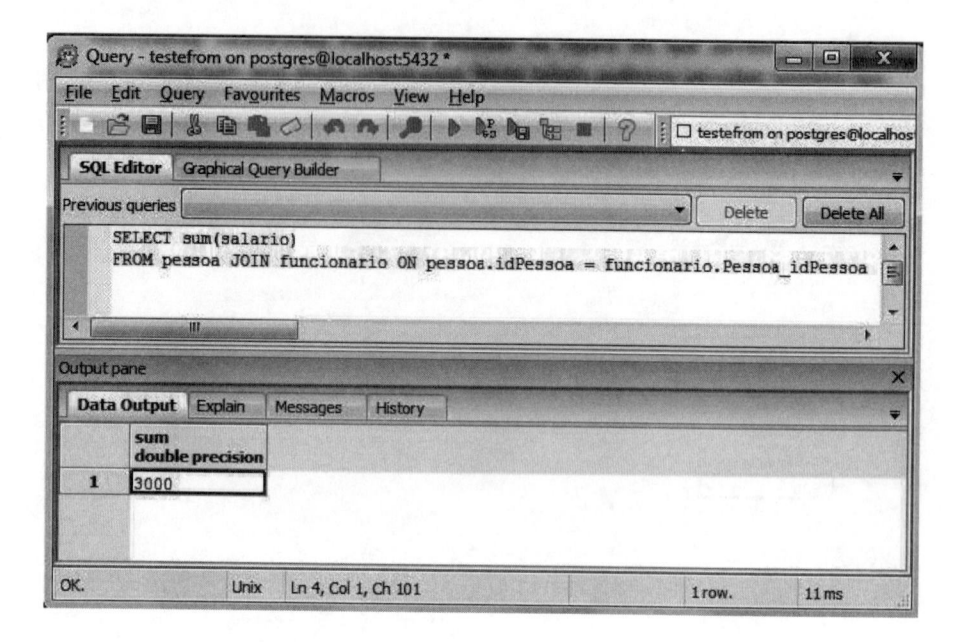

Figura 94 - Resultado da execução do comando do script 98

e. COUNT

Outra função que iremos apresentar é a função COUNT. Esta função faz a contagem de determinados registros, ou seja, retorna a quantidade de registros que satisfaçam as condições de uma consulta. Desta forma, no script 99, apresentamos a consulta SQL que retorna o valor da quantidade de pessoas cadastradas. Podemos perceber na figura 83, que apresenta a tabela pessoa com seus dados cadastrados, que existem apenas três registros de pessoas. Logo, o resultado da consulta do script 99 deve ser 3, conforme apresentado na figura 95.

Script 99 - Consulta a quantidade de pessoas cadastradas

```
SELECT count(idpessoa)
FROM pessoa
```

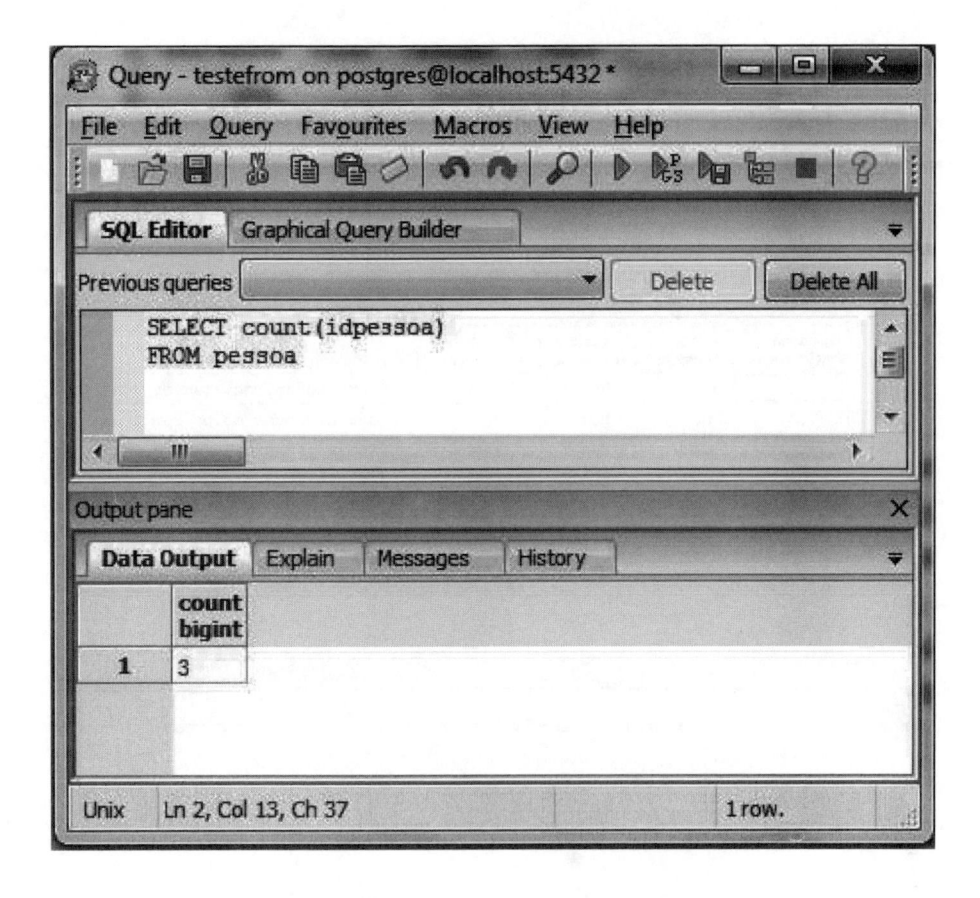

Figura 95 - Resultado da execução do comando do script 99

f. DISTINCT

Outra função que iremos apresentar é a função DISTINCT. Esta função retorna como resultado os registros distintos (diferentes) de um determinado atributo selecionado. Apenas como exemplo, apresentamos o comando utilizando a referida função também utilizando a tabela pessoa da figura 83. Nesta tabela, não existe nenhum nome repetido. Logo, para melhor exemplificarmos esta função, vamos inicialmente, através do script 100, inserir um registro de uma pessoa com o mesmo nome de uma que já está cadastrada e apresentamos o resultado na figura 96.

Script 100 - Inserção de um novo registro na tabela pessoa

```
insert into pessoa values (4,'Tatiana','Rua A','901','tatiana@
teste.com');
```

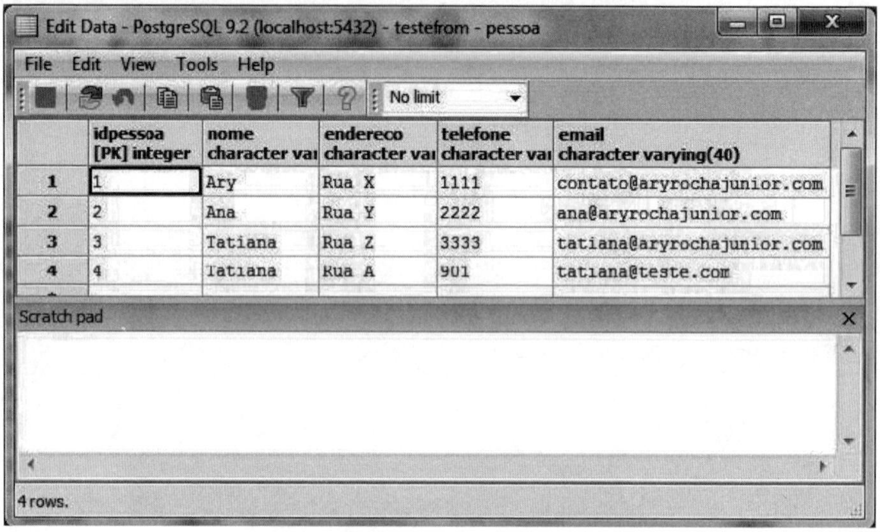

Figura 96 - Resultado da execução do comando do script 100, apresentando todos os registros da tabela pessoa

Desta forma, utilizando os registros cadastrados na figura 96, vamos executar o comando do script 101 e poderemos verificar o resultado na figura 97. Perceba que, na figura 96, existem duas pessoas cadastradas com o nome Tatiana. Porém, na figura 97, aparecerá apenas um como resultado, pois a consulta do script 101 seleciona todos os nomes diferentes da tabela pessoa.

Script 101 - Consulta que seleciona os nomes diferentes cadastrados na tabela pessoa

```
select distinct(nome)
from pessoa
```

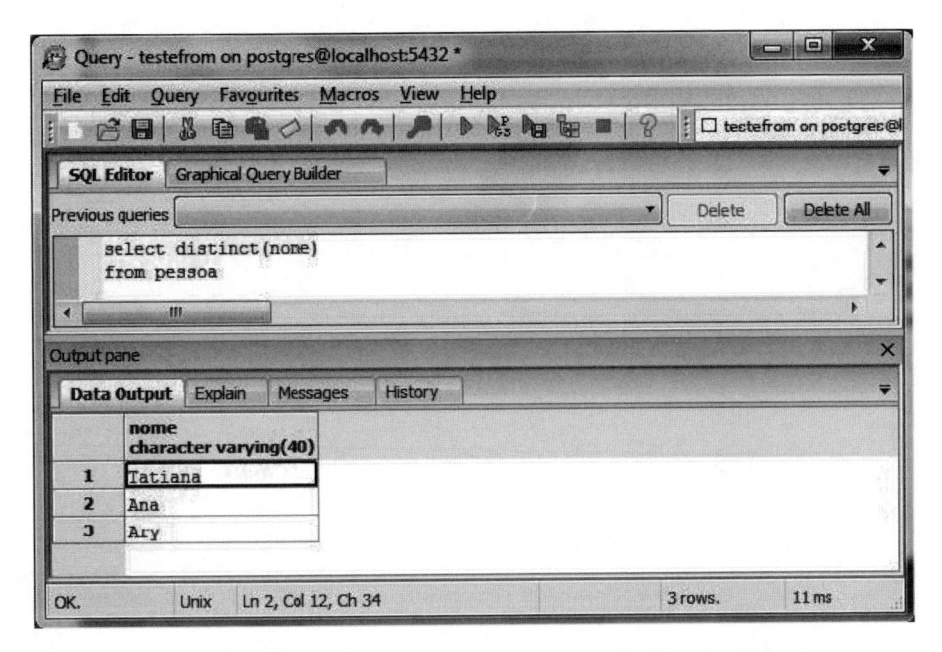

Figura 97 - Resultado da execução do comando do script 101

3. Conclusão

Neste capítulo, apresentamos os conceitos e scripts relacionados a consultas de dados nas tabelas de um determinado banco de dados, através do comando SELECT e algumas funções básicas pré-definidas na linguagem SQL.

Logo, espera-se que estas funções sejam úteis para o desenvolvimento de suas atividades.

4. Exercícios Propostos

Dado o modelo de dados apresentado na figura 5, crie consultas SQL para responder os exercícios abaixo.

1. Selecionar o maior valor de uma conta a pagar em 2013

2. Selecionar o menor valor de uma conta a pagar em 2013
3. Selecionar o valor médio das contas pagas em 2013
4. Selecionar a soma dos valores das contas a pagar em 2013
5. Selecionar os logradouros distintos cadastrados
6. Selecionar a quantidade de títulos a pagar no ano de 2013

Capítulo 8
Outras Cláusulas SQL

1. Objetivos do Capítulo

Neste capítulo, o objetivo principal é a apresentação de algumas novas cláusulas SQL diferente das cláusulas já apresentadas: SELECT, FROM, WHERE que são muito úteis nas consultas de dados em tabelas de um banco de dados. Assim, ao final, espero que você consiga executar as seguintes cláusulas SQL:

- ORDER BY
- GROUP BY
- HAVING

Além destas cláusulas, iremos abordar também os assuntos relacionados à renomeação e subconsultas SQL.

Todos estes pontos serão apresentados com base em exemplos práticos, que podem ser executados por você juntamente com a leitura do capítulo.

2. Outras Cláusulas SQL

Neste tópico, iremos abordar dois pontos ainda não tratados, que são renomeação durante a consulta SQL e subconsultas SQL, além de algumas outras cláusulas SQL, tais como ORDER BY, GROUP BY e HAVING.

a. Renomeação

Neste tópico, iremos tratar de dois pontos de renomeação que ainda não tratamos neste livro. O primeiro deles será a renomeação de atributos para apresentação do resultado final. O segundo será a renomeação de tabelas dentro das consultas SQL. Porém, nenhuma das duas trata-se de renomeação fisicamente da estrutura da tabela e dos atributos no banco de dados. Trata-se apenas de renomeação no âmbito da consulta SQL.

Para ambos os casos, vamos utilizar o modelo de dados apresentado na figura 81 e no banco de dados criado durante este livro com o nome de TESTEFROM, onde os dados inseridos nas tabelas pessoa, cliente e funcionário estão respectivamente apresentados nas figuras 83, 84 e 85.

Perceba na figura 83 que temos 3 pessoas cadastradas. No script 99, apresentamos uma consulta que retorna a quantidade de pessoas cadastradas. Na figura 95, o resultado apresentado mostra como descrição do atributo count bigint. Neste caso, count é a função que utilizamos para a contagem dos registros e bigint é o tipo de dado do valor retornado. No script 102, apresentamos a mesma consulta, porém, apresentando a renomeação do atributo utilizado para contar a quantidade de registros. Perceba a diferença entre as consultas dos scripts 99 e 102 e, visualmente, através das figuras 95 e 98. Para a renomeação de atributos, utilizamos a palavra reservada AS para realizar tal operação. No caso do script 102, renomeamos para "Quantidade".

Script 102 - Script com renomeação de atributo

```
SELECT COUNT(idpessoa) AS Quantidade
FROM pessoa
```

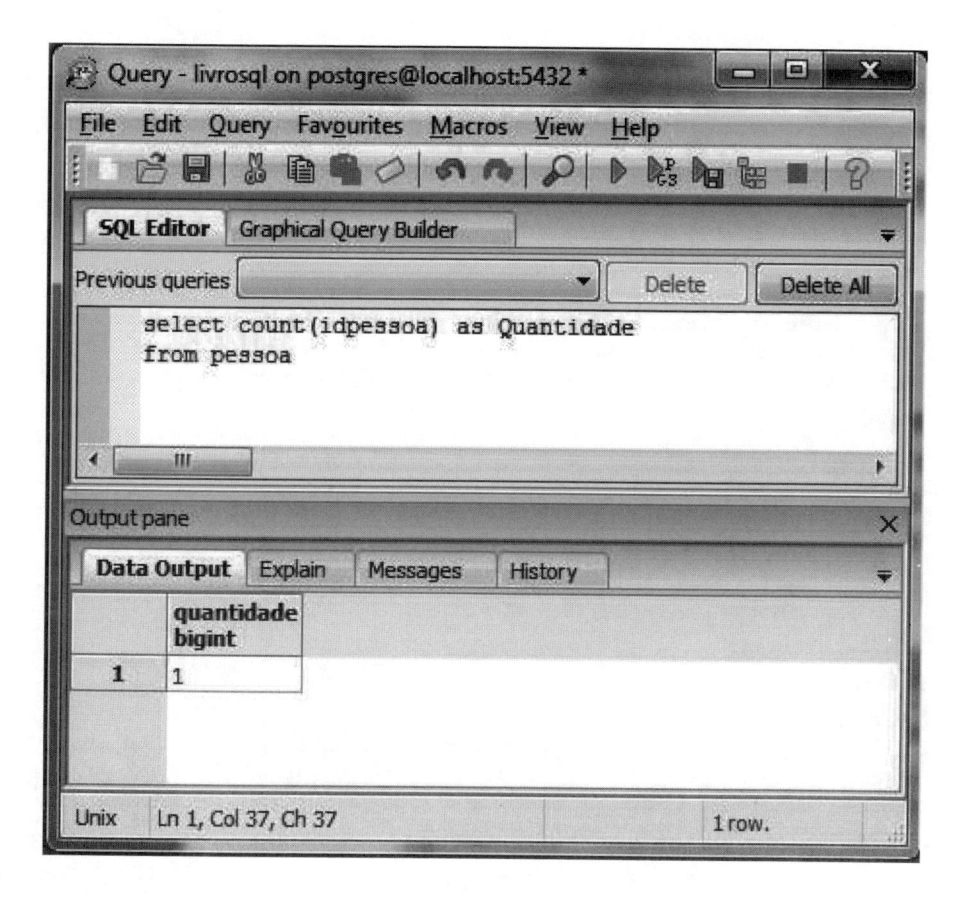

Figura 98 - Resultado do script com renomeação de atributo

A outra forma de renomeação no âmbito das consultas SQL é a renomeação de tabelas, com a finalidade de facilitar a "escrita" de consultas maiores e mais complexas. No script 103, apresentamos a consulta na forma tradicional para selecionar o nome, e-mail e telefone de todos os clientes cadastrados. Na figura 99, apresentamos o resultado desta consulta.

Script 103 - Consulta nome, e-mail e telefone dos clientes cadastrados utilizando produto cartesiano

```
SELECT nome,email,telefone
FROM pessoa, cliente
WHERE pessoa.idpessoa = cliente.pessoa_idpessoa
```

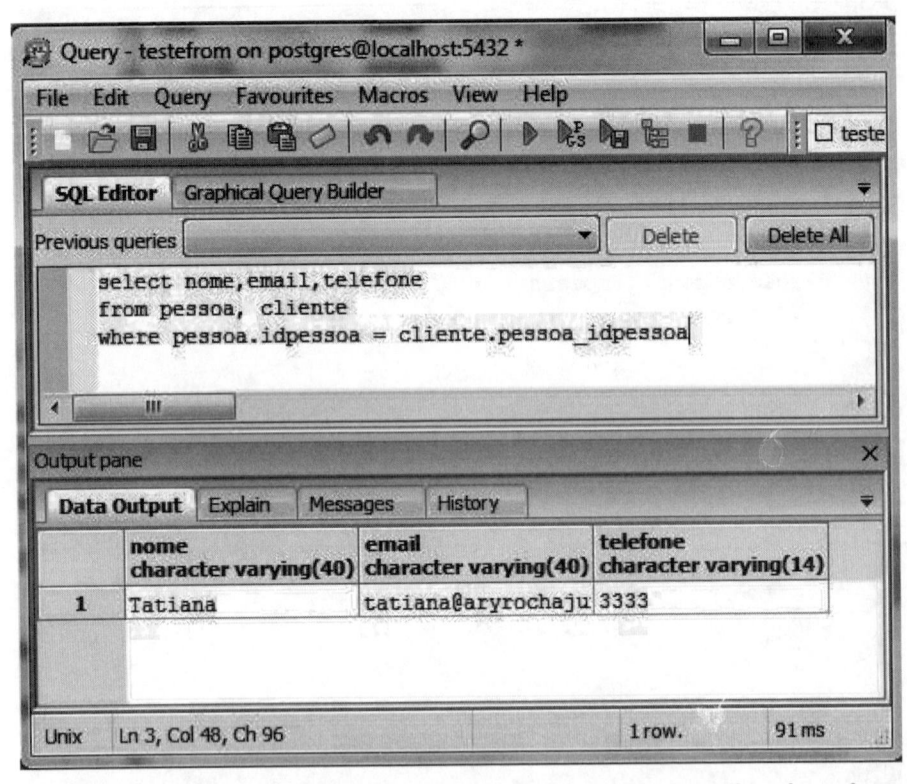

Figura 99 - Consulta nome, e-mail e telefone dos clientes cadastrados utilizando produto cartesiano

Na consulta do script 103, foi utilizado produto cartesiano para efetuar a referência entre as tabelas pessoa e cliente. Repare que na cláusula WHERE, tivemos que escrever os nomes das tabelas pessoa e cliente. No script 104, utilizamos a renomeação das tabelas. Para isto, basta inserir o "novo nome" ou "apelido" após o nome da tabela na cláusula FROM. Perceba que, após isto, na cláusula WHERE não foi necessário escrever o nome da tabela e sim o apelido adicionado. Na figura 100, apresentamos o resultado da consulta do script 104. Perceba que o resultado é exatamente o mesmo do apresentado na figura 99, através do script 103.

Script 104 - Consulta nome, e-mail e telefone dos clientes cadastrados utilizando produto cartesiano, renomeando as tabelas

```
SELECT nome,email,telefone
FROM pessoa p, cliente c
WHERE p.idpessoa = c.pessoa_idpessoa
```

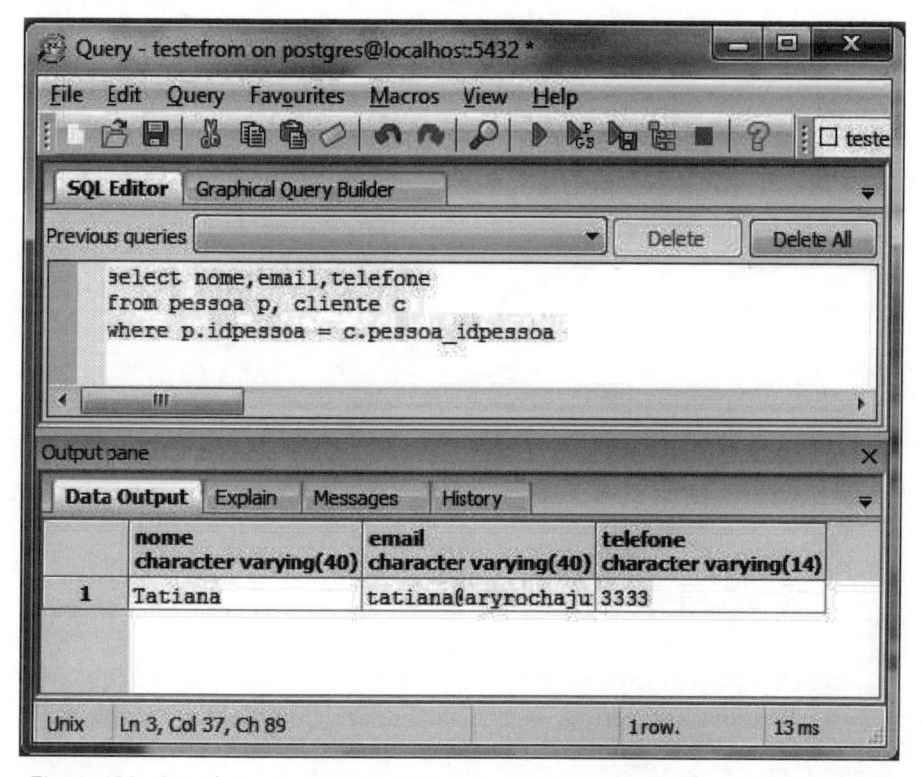

Figura 100 - Consulta nome, e-mail e telefone dos clientes cadastrados utilizando produto cartesiano, renomeando as tabelas

b. ORDER BY

A linguagem SQL também possui uma cláusula para ordenar dados (OR-DER BY). A ordenação pode ser feita de forma ascendente (ASC) ou descendente (DESC).

Na figura 97, podemos perceber que o resultado da consulta dos nomes diferentes cadastrados na tabela pessoa nos trouxe como resultado uma lista de registros desordenados, levando em consideração a ordem alfabética.

Desta forma, vamos utilizar a consulta do script 101 como exemplo, porém, adicionando a cláusula ORDER BY. Esta nova consulta é apresentada no script 105 para ordenação em ordem crescente. Para este caso, a ordem crescente é a ordem alfabética, conforme figura 101.

Script 105 - Lista dos nomes das pessoas cadastradas, em ordem alfabética

```
SELECT distinct(nome)
FROM pessoa
ORDER BY nome ASC
```

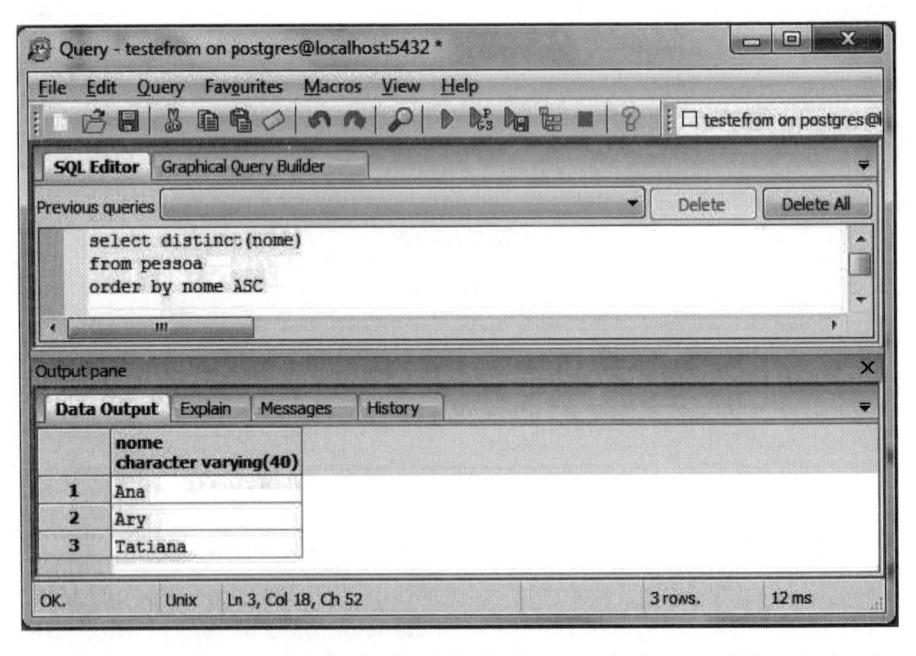

Figura 101 - Resultado da execução do comando do script 105

Ao utilizar a cláusula ORDER BY, você pode perceber que a utilização do comando ASC é opcional, ou seja, por default, a cláusula ORDER BY já assume a forma ascendente como padrão, conforme apresentamos no script 106 e o resultado na figura 102.

Script 106 - Script dos nomes das pessoas em ordem alfabética, sem utilizar o comando ASC

```
SELECT distinct(nome)
FROM pessoa
ORDER BY nome
```

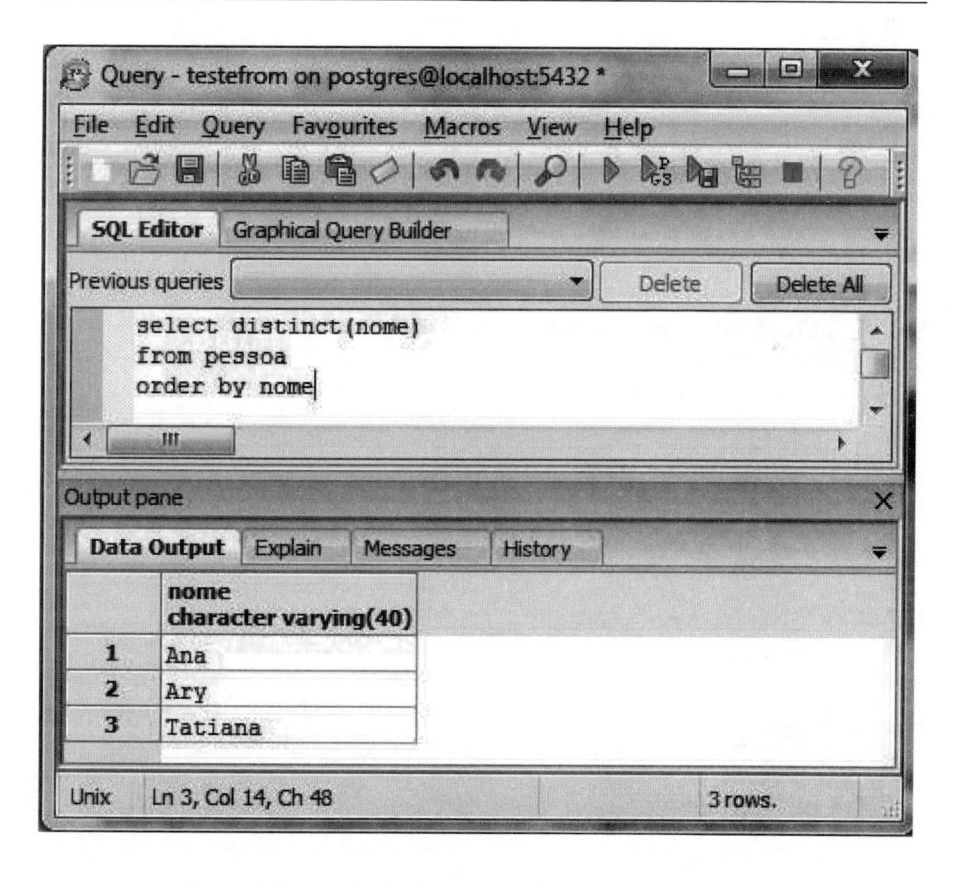

Figura 102 - Resultado da execução do comando do script 106

Porém, o comando DESC, que é utilizado para apresentar os valores em ordem decrescente sempre deve ser utilizado quando for necessário tal ação. Desta forma, no script 107 apresentamos o nome diferentes das pessoas cadastradas em ordem decrescente, conforme figura 103.

Script 107 - Lista dos nomes das pessoas cadastradas, em ordem alfabética decrescente

```
SELECT distinct(nome)
FROM pessoa
ORDER BY nome DESC
```

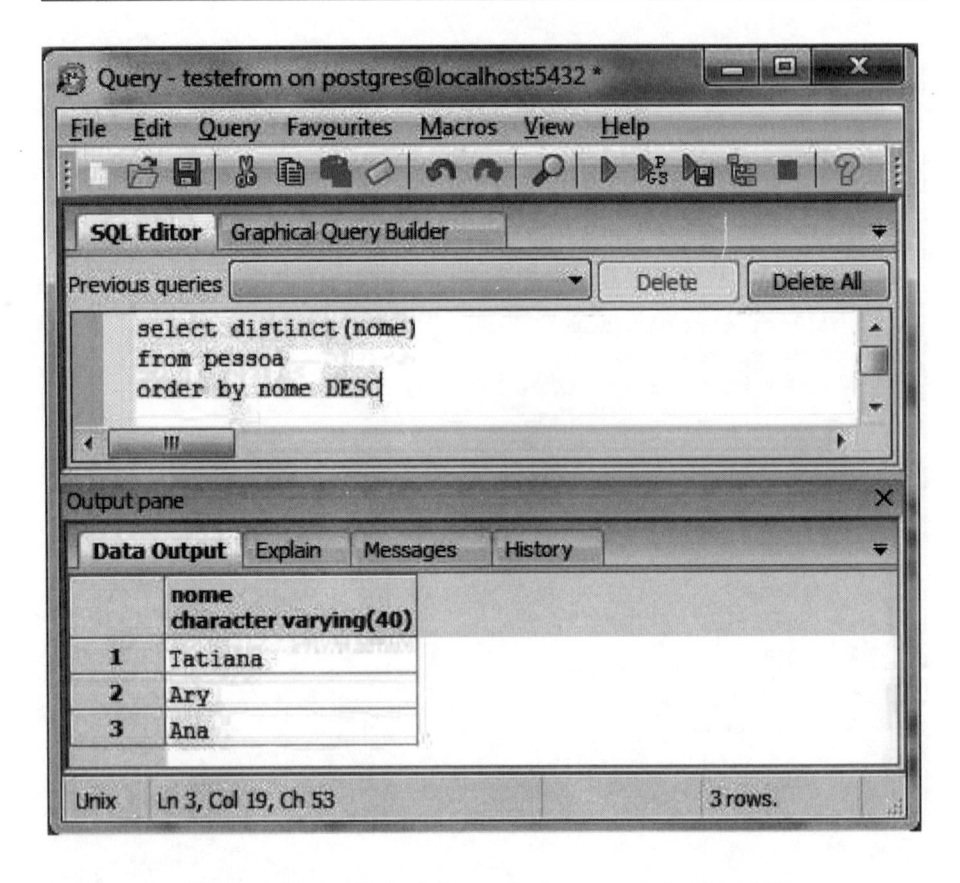

Figura 103 - Resultado da execução do comando do script 107

c. GROUP BY

A linguagem SQL também possui uma cláusula para agrupar dados (GROUP BY). Esta cláusula agrupa todos os registros que compartilham os mesmos valores para a expressão que foi solicitada o agrupamento. Esta expressão pode ser o nome de um atributo e as funções de agregação para este agrupamento são as funções já listadas anteriormente neste livro.

A consulta SQL padrão utilizando o GROUP BY é apresentada no script 108, onde:

- Atributos: lista de atributos que se deseja agrupar
- Função: função SQL utilizada para o agrupamento
- Tabelas: tabelas que são necessárias para a execução da consulta
- Condição: condição a ser estabelecida para a consulta

Script 108 - Consulta SQL padrão para a cláusula GROUP BY

```
SELECT atributos, função
FROM tabelas
WHERE condição
GROUP BY atributos
```

No script 110, apresentamos um exemplo para a utilização da cláusula GROUP BY. Vamos supor que você deseje saber quantas cidades estão cadastradas para cada estado de acordo com o modelo de dados da figura 5. Sabemos da existência da tabela cidade e da tabela UF. Estas duas tabelas se relacionam onde cada cidade pertence a um estado e cada estado possui várias cidades. No script 109, apresentamos os comandos para inserção de dados nestas duas tabelas.

Script 109 - Comandos SQL para inserir dados nas tabelas UF e cidade

```
INSERT INTO UF VALUES (1,'MG');
INSERT INTO UF VALUES (2,'SP');
INSERT INTO UF VALUES (3,'RJ');
INSERT INTO CIDADE VALUES (1,1,'Uberlandia');
INSERT INTO CIDADE VALUES (2,1,'Belo Horizonte');
INSERT INTO CIDADE VALUES (3,1,'Juiz de Fora');
INSERT INTO CIDADE VALUES (4,2,'São Paulo');
INSERT INTO CIDADE VALUES (5,2,'Santos');
INSERT INTO CIDADE VALUES (6,3,'Rio de Janeiro');
INSERT INTO CIDADE VALUES (7,3,'Cabo Frio');
INSERT INTO CIDADE VALUES (8,3,'Paraty');
INSERT INTO CIDADE VALUES (9,3,'Angra dos Reis');
```

Perceba que inserimos dados para três estados (MG, SP, RJ) e três cidades para MG, duas cidades para SP e quatro cidades para RJ.

Logo, nossa consulta SQL deve listar os estados e contar as cidades, utilizando as tabelas UF e cidade.

Script 110 - Exemplo da utilização da cláusula GROUP BY

```
SELECT u.descricao AS Estados, count(codcid) as Quantidade
FROM uf u, cidade c
WHERE u.coduf = c.uf_coduf
GROUP BY u.descricao
ORDER BY u.descricao
```

Como queremos contar a quantidade de cidades por estado, conforme script 110, o resultado que gostaríamos de visualizar é apresentado na tabela 56.

Estado	Quantidade
MG	3
RJ	4
SP	2

Tabela 56 - Tabela com resultados esperados do script 110

Perceba na figura 104 que o resultado apresentado é semelhante ao esperado, conforme tabela 56. Porém, no script 110, utilizamos alguns "recursos", tais como:

- Renomeamos os dois atributos que estão na cláusula SELECT
- Renomeamos as duas tabelas da cláusula FROM
- Perceba que se renomearmos as tabelas, em todas as cláusulas da consulta, devemos utilizar o novo nome ou apelido dado às tabelas.
- Agrupamos pela descrição da UF.
- Perceba que inserimos o apelido da tabela uf antes do atributo descrição, pois neste caso a consulta iria retornar um erro, uma vez que existe o atributo descrição com o mesmo nome tanto na tabela UF quanto na tabela cidade.
- Ordenamos o resultado em ordem alfabética da descrição dos estados.

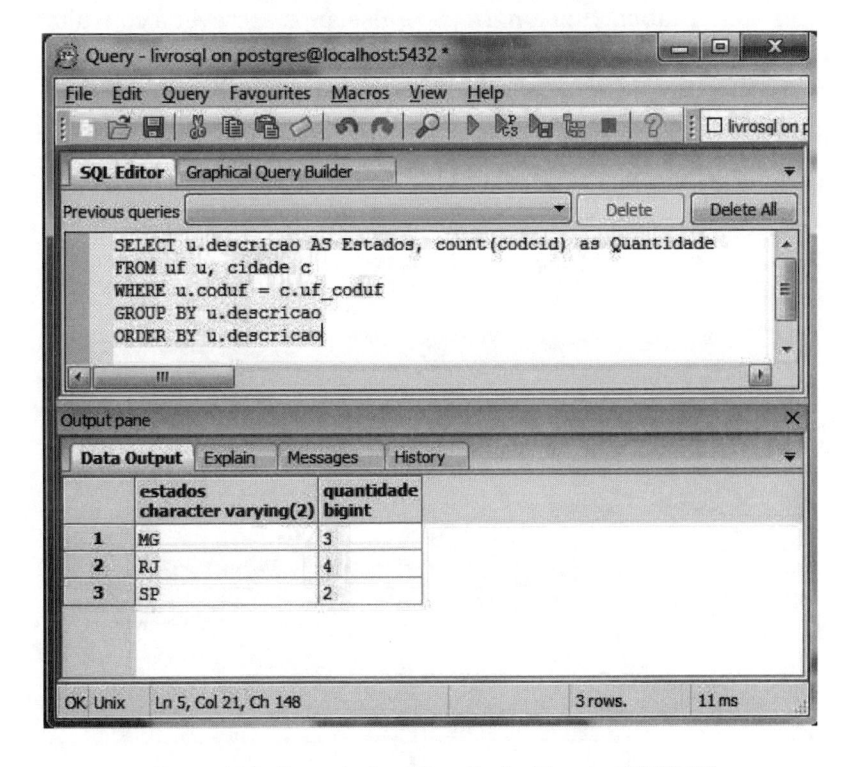

Figura 104 - Exemplo da utilização da cláusula GROUP BY

Desta forma, sempre que necessitarmos de consultas com "ideias" se-melhantes, devemos utilizar o GROUP BY, ou seja, quando necessitarmos agrupar o resultado por algum atributo.

d. Subconsultas SQL

Podemos dizer que subconsultas SQL ou consultas SQL aninhadas são consultas encadeadas, onde para o resultado de uma, é necessário que outra(s) seja(m) executada(s) primeiramente.

Desta forma, vamos supor que queiramos saber o nome da pessoa que tem o maior salário, utilizando o modelo de dados da figura 81. Perceba que utilizando a tabela funcionário, conseguimos extrair o valor do maior salário. Porém, o nome da pessoa está armazenado na tabela pessoa que faz referência à tabela funcionário. Se quisermos escrever a consulta conforme o script 111, vamos perceber que um erro ocorre, conforme figura 105.

Script 111 - Consulta nome da pessoa com maior salário, com erro

```
SELECT nome, max(salario)
FROM pessoa p, funcionario f
WHERE p.idpessoa = f.pessoa_idpessoa
```

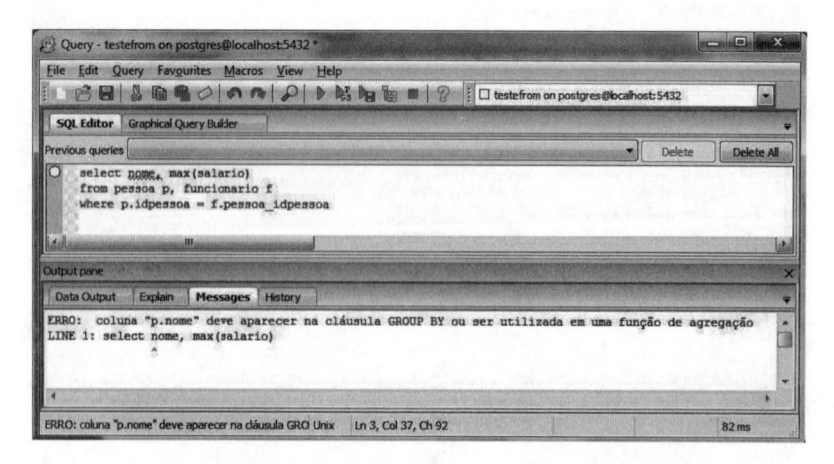

Figura 105 - Consulta nome da pessoa com maior salário, com erro

O erro apresentado refere-se à obrigatoriedade da utilização da cláusula GROUP BY sempre que tivermos a seleção de um atributo e a utilização de alguma função na mesma seleção. Assim, após inserir a cláusula GROUP BY, conforme script 112, temos o resultado apresentado na figura 106. Porém, perceba que o resultado não é o que estávamos procurando. O resultado apresentado foi a lista de nomes com os seus respectivos salários.

Script 112 - Consulta nome da pessoa com maior salário, com resultado errado

```
SELECT nome, max(salario)
FROM pessoa p, funcionario f
WHERE p.idpessoa = f.pessoa_idpessoa
GROUP BY nome
```

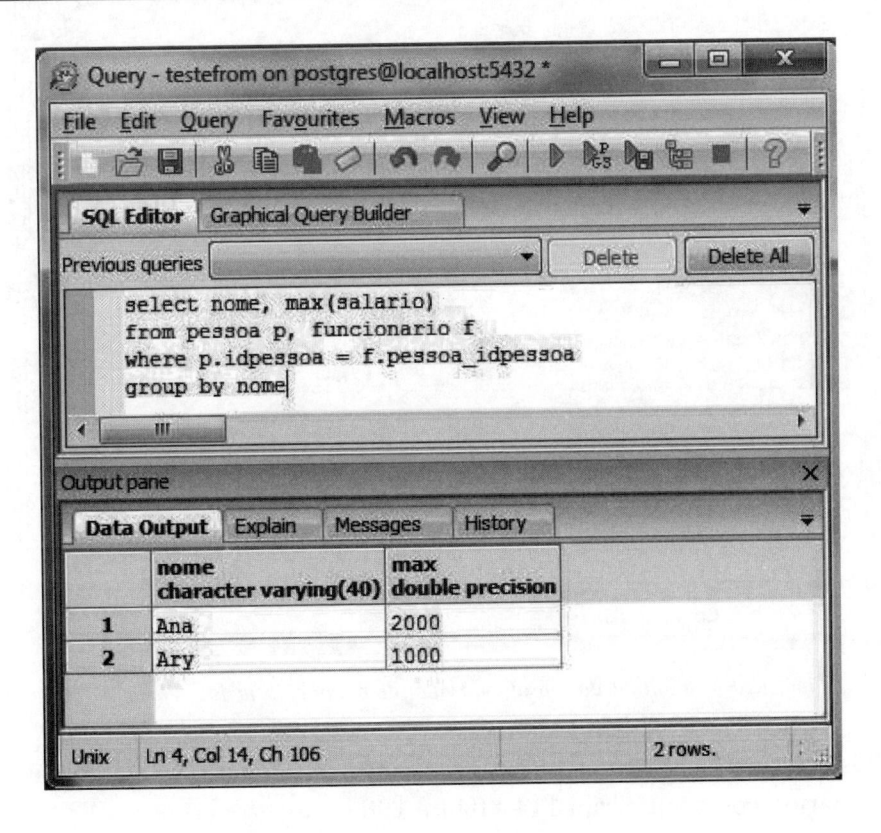

Figura 106 - Consulta nome da pessoa com maior salário, com resultado errado

Desta forma, vamos pensar por partes. Primeiramente, conseguimos selecionar o valor do maior salário armazenado na tabela funcionário, conforme script 113 e figura 107.

Script 113 - Consulta que retorna o valor do maior salário

```
SELECT max(salario)
FROM funcionario
```

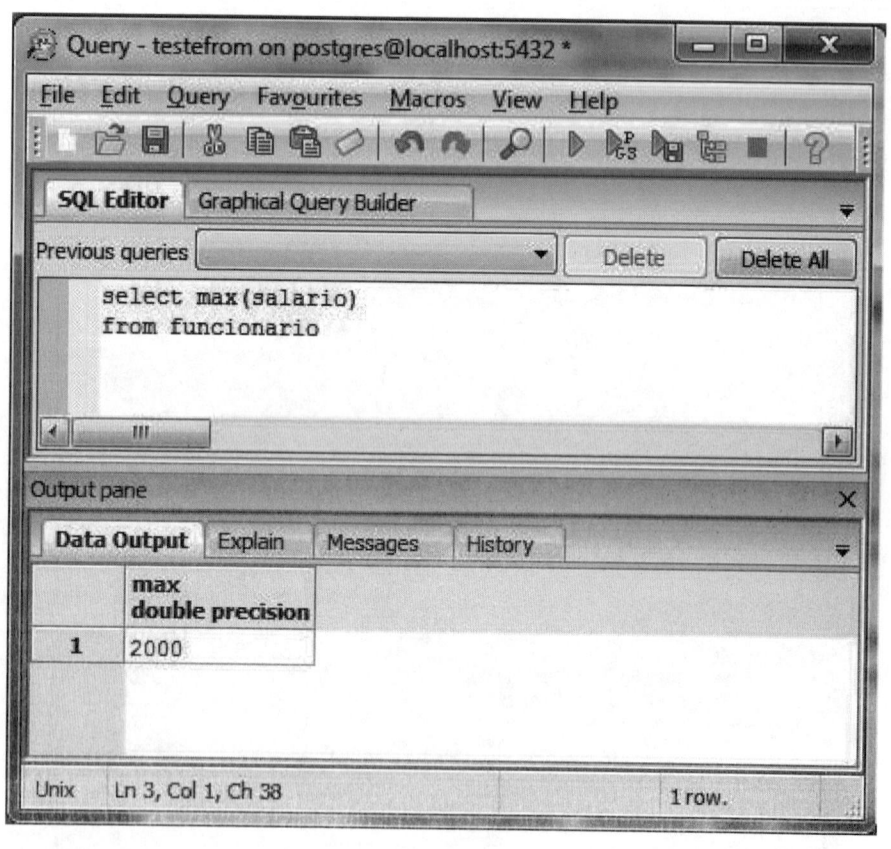

Figura 107 - Resultado da consulta do valor do maior salário de um funcionário

Posteriormente, sabemos que conseguimos selecionar o nome dos funcionários, conforme script 114 e figura 108.

Script 114 - Consulta que retorna o nome dos funcionários

```
select nome
from pessoa p, funcionario f
where p.idpessoa = f.pessoa_idpessoa
```

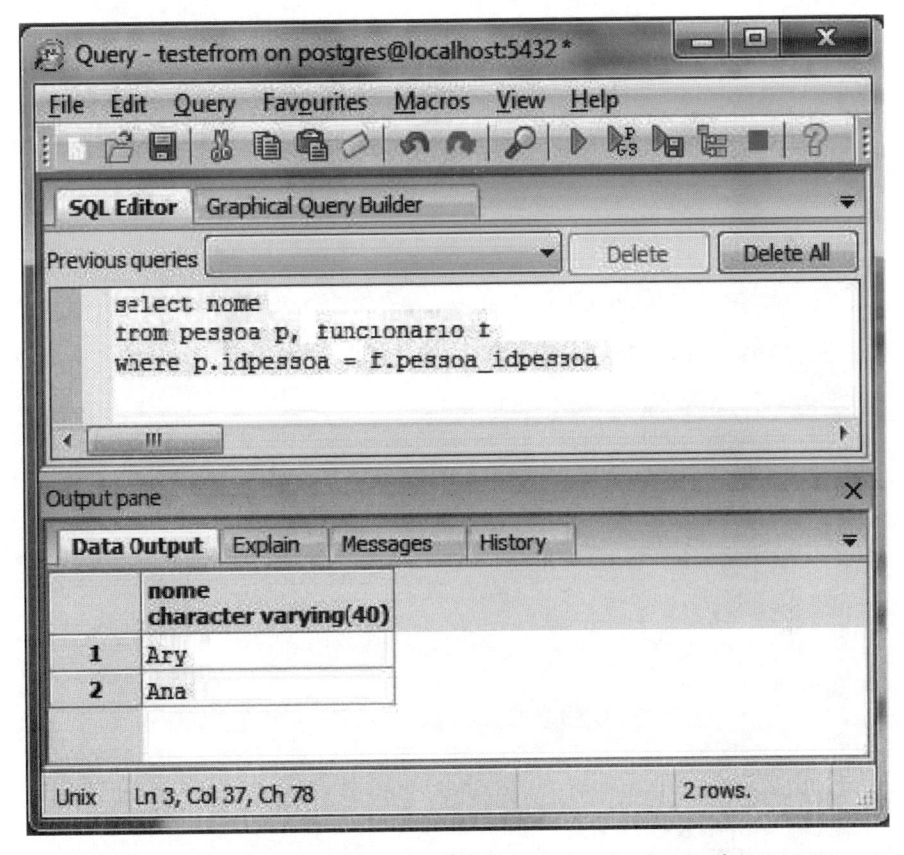

Figura 108 - Resultado da consulta dos nomes dos funcionários

Por fim, podemos chegar à conclusão que, se adicionarmos o resultado da consulta do script 113 na cláusula WHERE da consulta do script 114, poderemos chegar ao valor resultante que queremos. Assim, a consulta apresentada no script 115 é uma consulta SQL aninhada apresentando o resultado na figura 109, ou seja, selecionamos o nome da pessoa que tem valor do salário igual a R$ 2000,00.

Script 115 - Consulta aninhada que retorna o nome da pessoa que possui o maior salário

```
select nome
from pessoa p, funcionario f
where p.idpessoa = f.pessoa_idpessoa
AND f.salario = (select max(salario)
                          from funcionario)
```

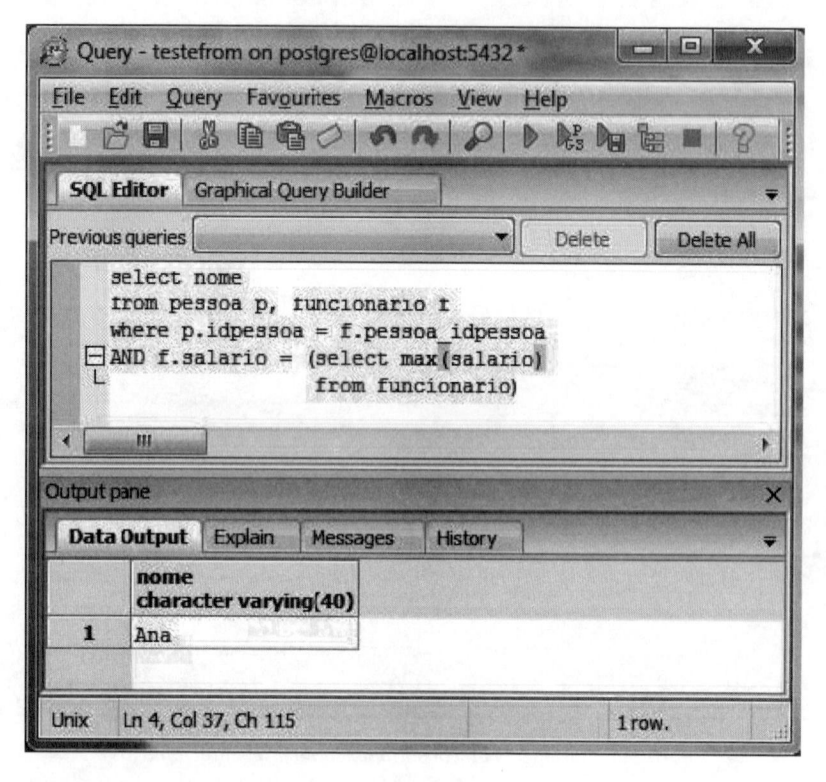

Figura 109 - Resultado da consulta do nome da pessoa que possui o maior salário

Desta forma, para validarmos a consulta SQL do script 115, vamos visualizar os dados armazenados conforme figuras 110 e 111. Na figura 110, temos os registros da tabela funcionário. Visualmente podemos verificar que o valor do maior salário realmente é R$ 2000,00 e o atributo chave primária (pessoa_idpessoa) tem valor igual a 2.

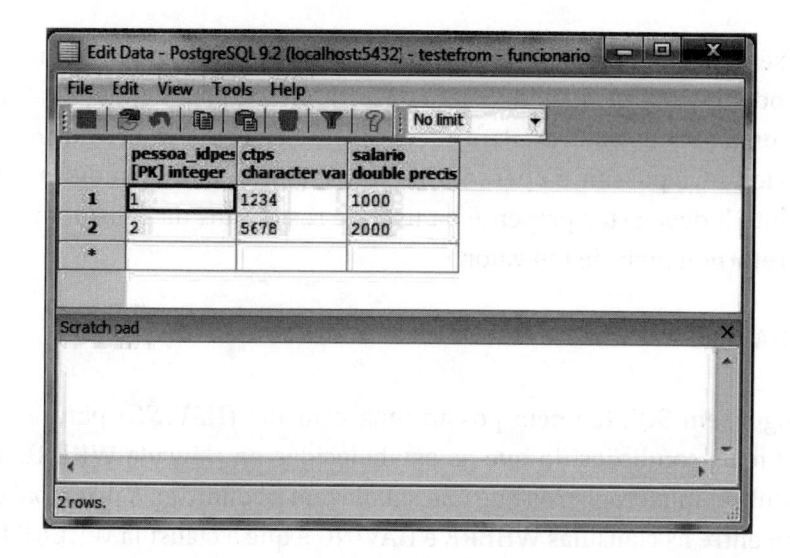

Figura 110 - Registros armazenados na tabela funcionário

Na figura 111, podemos buscar o nome da pessoa que possui como chave primária (idpessoa) o valor igual a 2. Logo, podemos chegar à conclusão que o nome é Ana, conforme apresentado na figura 109 como resultado da consulta do script 115. Logo, a consulta aninhada do script 115 está correta.

Figura 111 - Registros armazenados na tabela pessoa

No exemplo citado, a consulta interna retorna apenas um valor. Entretanto, podemos ter casos onde esta consulta retorna mais de um valor, ou seja, uma lista de valores. Para estes casos, a cláusula where da consulta anterior deve possuir o operador IN, que fará com que a condição seja: o atributo X deve estar presente na lista de resultados da consulta interna que retornou mais de um valor.

e. HAVING

A linguagem SQL também possui uma cláusula (HAVING) para estabelecer mais condições do que as estabelecidas na cláusula WHERE. Esta cláusula elimina registros que não satisfazem a condição. A principal diferença entre as cláusulas WHERE e HAVING é que a cláusula WHERE filtra individualmente os registros antes da aplicação da cláusula GROUP BY. Já a cláusula HAVING filtra os grupos de registros criados pelo GROUP BY.

A consulta SQL padrão utilizando a cláusula HAVING é apresentada no script 116, onde:

- Atributos: lista de atributos que se deseja agrupar
- Tabelas: tabelas que são necessárias para a execução da consulta
- Condição 1: condição a ser estabelecida para a consulta
- Condição 2: condição a ser estabelecida na cláusula HAVING

Script 116 - Sintaxe padrão da cláusula HAVING

```
SELECT atributos
FROM tabelas
WHERE condição 1
GROUP BY atributos
HAVING condição 2
```

Como exemplo, vamos levar em consideração a consulta apresentada no script 110 com os resultados apresentados na figura 104. Nesta consulta, foram listados todos os estados e a quantidade de cidades cadastradas para cada estado. Desta forma, vamos supor que queiramos saber o nome dos estados e a quantidade de cidades de cada um deles, desde que esta quantidade seja maior que três. Na figura 104, percebemos que apenas o estado RJ que possui quatro cidades cadastradas. Os outros possuem menos que três. Logo, na consulta do script 117 apresentamos a consulta SQL para nos retornar o que desejamos no exemplo. Perceba que a condição estabelecida na cláusula HAVING está sendo aplicada após o agrupamento dos dados. Na figura 112, apresentamos o resultado da execução do script 117.

Script 117 - Exemplo de utilização da cláusula HAVING

```
SELECT u.descricao AS Estados, count(codcid) as Quantidade
FROM uf u, cidade c
WHERE u.coduf = c.uf_coduf
GROUP BY u.descricao
HAVING count(codcid) > 3
```

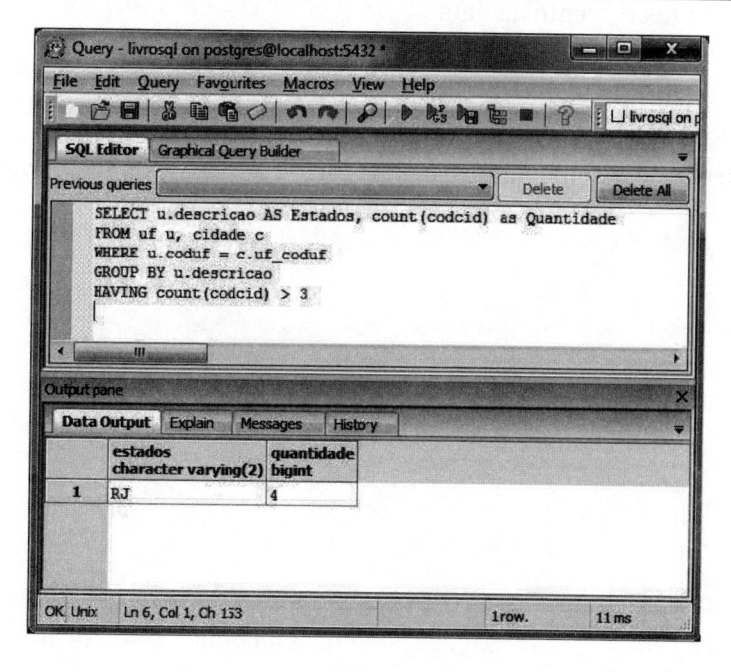

Figura 112 - Resultado da execução do script 117 como exemplo da cláusula HAVING

3. Conclusão

Neste capítulo, apresentamos os conceitos e scripts relacionados a consultas de dados nas tabelas de um determinado banco de dados, através da renomeação, subconsultas SQL e algumas cláusulas que ainda não tinham sido abordadas durante este livro, tais como ORDER BY, GROUP BY e HAVING, além da renomeação e também de consultas aninhadas.

4. Exercícios Propostos

Dado o modelo de dados apresentado na figura 5, crie consultas SQL para responder os exercícios abaixo.

1. Selecionar a quantidade de pessoas físicas e jurídicas cadastradas.
2. Selecionar a soma dos recebimentos de juros agrupados por data em ordem decrescente de data.
3. Selecionar a quantidade de contas a pagar no ano de 2013 por pessoa, agrupadas por nome da pessoa, desde que se tenha mais que cinco contas a pagar.
4. Selecionar o nome da pessoa que pagou a conta com maior valor em 2013.

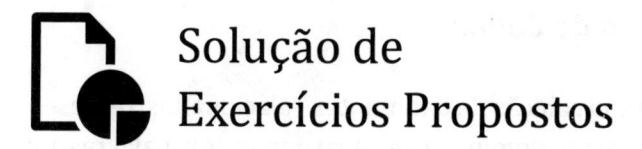

Solução de Exercícios Propostos

Capítulo 1

1. Diferencie dado, informação e conhecimento.

Dado é uma representação simbólica de forma bruta que representa um fato, mas que isoladamente não tem significado para os usuários. Assim, um texto é um dado, uma foto é um dado, um número é um dado. Sozinhos, eles não têm significado algum, mas são bases para a geração de informações.

Informação é o dado trabalhado que permite aos usuários compreenderem determinados fatos ou situações. Por exemplo, vamos supor que tenhamos um conjunto de dados, onde estão armazenados os nomes de pessoas e também os salários destas pessoas. Isoladamente, cada nome ou cada valor, não têm significado algum. Mas, se unirmos os dois dados, teremos a informação dos nomes das pessoas e os salários que elas possuem.

Conhecimento pode ser compreendido como um conjunto organizado de informações que o ser humano compreendeu a respeito de um fato. Por exemplo, sabendo da informação dos nomes das pessoas e dos salários, pode-se ter o conhecimento do valor resultante destas informações, como também o conhecimento do valor do salário de todas as pessoas da empresa.

2. Defina um banco de dados.

Um banco de dados é uma coleção de dados inter-relacionados, representando informações sobre um domínio específico. Em outras palavras, um banco de dados é uma coleção de dados que tratam do mesmo assunto, que armazenados conjuntamente tenha algum sentido específico. Os bancos de dados devem estar disponíveis para a recuperação dos dados ali armazenados, gerando informações aos usuários.

3. Qual a importância de um sistema gerenciador de bancos de dados.

A grande importância dos sistemas gerenciadores de bancos de dados são decorrentes dos seus objetivos, que são:

- Promover interação com os dados e entre os dados
- Gerenciar os dados armazenados
- Manter a integridade dos dados
- Garantir a segurança dos dados
- Dar opções de realizações de *backup* e *recovery* dos dados
- Gerenciar a concorrência aos dados.

4. Para que servem os tipos de dados?

Os tipos de dados são definidos para que se tenha um domínio para armazenamento de dados. Ou seja, se um atributo possuir um tipo de dado integer, neste atributo não pode ser salvo nenhuma informação texto, por exemplo. Podem ser salvos apenas números inteiros.

5. Qual é o principal objetivo de uma tabela?

O objetivo principal de uma tabela em um banco de dados é estruturar e armazenar dados de acordo com um escopo definido.

6. O que é um registro?

Um registro é uma linha ou tupla de dados armazenados em uma tabela.

7. O que é um atributo?

Um atributo é uma forma de representar um determinado dado, qualificando-o. Como por exemplo, uma pessoa pode possuir vários atributos, tais como: nome, endereço, telefone, CPF, RG, título de eleitor, entre outros. Assim, de acordo com o escopo da aplicação a ser desenvolvida, o projetista de banco de dados define quais são os atributos necessários para o escopo em questão.

8. Qual a importância da linguagem SQL

A linguagem SQL é de suma importância pois trata-se de um padrão pré--estabelecido para os diversos sistemas gerenciadores de bancos de dados, dando opções para criar, armazenar, recuperar e consultar dados, dentre outras características da própria linguagem.

Capítulo 2

1. Defina superchave, chave candidata, chave primária e chave estrangeira.

Uma superchave é um conjunto de um ou mais atributos que, tomados coletivamente, nos permitem identificar de maneira unívoca uma entidade em um conjunto de entidades.

Uma chave candidata é um conjunto de um ou mais atributos, que são superchaves e que não podem ser reduzidos sem perder esta característica.

Chave primária é uma chave candidata, escolhida pelo projetista do banco de dados como significado principal para a identificação de entidades dentro de um conjunto de entidades.

Uma chave estrangeira é pelo menos uma chave candidata em uma tabela, utilizada para fazer referência à outra tabela.

2. Defina redundância.

Redundância é o termo aplicado em bancos de dados para informações iguais armazenadas repetidas vezes em um banco de dados.

3. Defina inconsistência.

Inconsistência é o termo aplicado em bancos de dados onde informações iguais armazenadas repetidas vezes em um banco de dados estejam de forma incoerente, ou seja, inconsistente.

4. Um sistema de contas a pagar e receber, em geral, consiste nas seguintes funcionalidades:

- **Cadastro de Clientes: consiste em cadastrar todos os dados relativos a clientes, tais como: nome, endereço, telefone, CPF, RG, CNPJ, inscrição estadual.**

- **Cadastro de Fornecedores: consiste em cadastrar todos os dados relativos a fornecedores, tais como: nome, endereço, telefone, CPF, RG, CNPJ, inscrição estadual.**

- **Cadastro de Contas a Pagar: precisa armazenar dados relativos às contas a pagar, tais como, data prevista para o pagamento, valor da conta a pagar, juros, multa, desconto.**

- **Cadastro de Contas a Receber: precisa armazenar dados relativos às contas a receber, tais como, data prevista para o recebimento, valor da conta a receber, juros, multa, desconto.**

- Cadastro de Pagamento de Contas: visa armazenar dados relativos aos pagamentos de contas a pagar previamente cadastradas. Assim, precisaremos informar a conta que está sendo paga, o valor do pagamento, os juros, a multa, o desconto e a data efetiva do pagamento.

- Cadastro de Recebimento de Contas: visa armazenar dados relativos aos recebimentos de contas a receber previamente cadastradas. Assim, precisaremos informar a conta que está sendo recebida, o valor do recebimento, os juros, a multa, o desconto e a data efetiva do recebimento.

O escopo deste exercício resume-se a armazenar dados relativos a contas a pagar e receber da seguinte forma: um cliente cadastrado com seus dados pessoais gera contas a receber para a empresa e posteriormente será registrado o recebimento das contas. Um fornecedor devidamente cadastrado com seus dados gera contas a pagar para a empresa e posteriormente será registrado o pagamento das contas.

Desta forma, neste exercício não se deve abordar compras e vendas para que você possa se concentrar nas contas a pagar e receber, nos pagamentos e recebimentos.

A partir desta pequena definição das regras de negócio em questão, modele o banco de dados.

Na figura 113, apresentamos a primeira parte do modelo de dados, que compreende o cadastro de clientes e fornecedores.

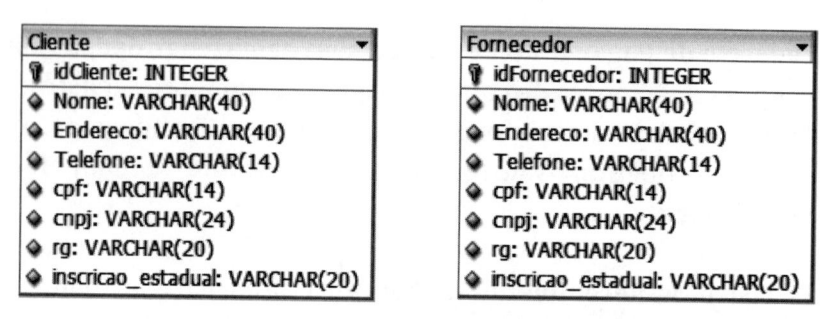

Figura 113 - Tabelas cliente e fornecedor

De posse das tabelas Cliente e Fornecedor (figura 113), precisaremos verificar se elas estão normalizadas. O primeiro passo é verificar se elas estão na 1FN (Primeira Forma Normal).

Podemos perceber que estas tabelas possuem os atributos endereço e telefone que são compostos e multivalorados, fazendo com estas tabelas não estejam na 1FN. Assim, para normalizarmos, precisaremos criar novas tabelas para estes atributos.

Podemos perceber também que temos mais alguns problemas com estas tabelas e que podemos resolvê-los neste momento. Um cliente, assim como um fornecedor, podem ser pessoas físicas ou jurídicas. Desta forma, para cada cadastro em uma destas tabelas, ou cadastraremos atributos relativos a pessoa física ou cadastraremos atributos relativos a pessoa jurídica. Entretanto, os outros atributos ficariam nulos, não sendo o ideal. Para resolver este problema, poderemos criar um relacionamento generalização-especialização para especializarmos os clientes e fornecedores em pessoas físicas e jurídicas. Além disso, repare que todos os outros atributos são os mesmos.

Desta forma, podemos criar uma tabela pessoa, que seria responsável por todos os atributos comuns a Cliente e Fornecedor, e especializá-la em pessoa física e jurídica. E para saber se a pessoa é um cliente, fornecedor ou ambos, bastaríamos criar um atributo TipoPessoa na tabela pessoa, conforme figura 114.

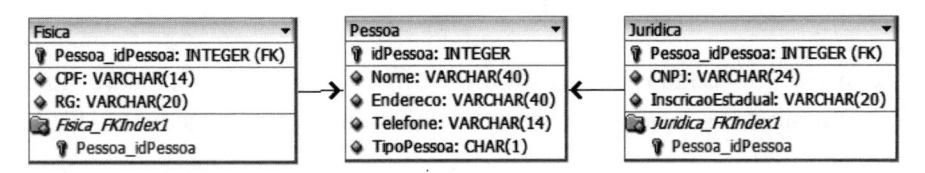

Figura 114 - Tabelas Pessoa, Física e Jurídica

Assim, na figura 114, resolvemos o problema dos Clientes e Fornecedores. Agora precisaremos resolver o problema dos endereços e telefones na 1FN. Na figura 115, apresentamos o modelo de dados para endereços e telefones normalizados de acordo com a 1FN. Para chegarmos a este modelo de dados, apenas fomos resolvendo a 1FN para todos os atributos envolvidos e separando-os em novas tabelas e aplicando a 1FN para cada nova tabela criada.

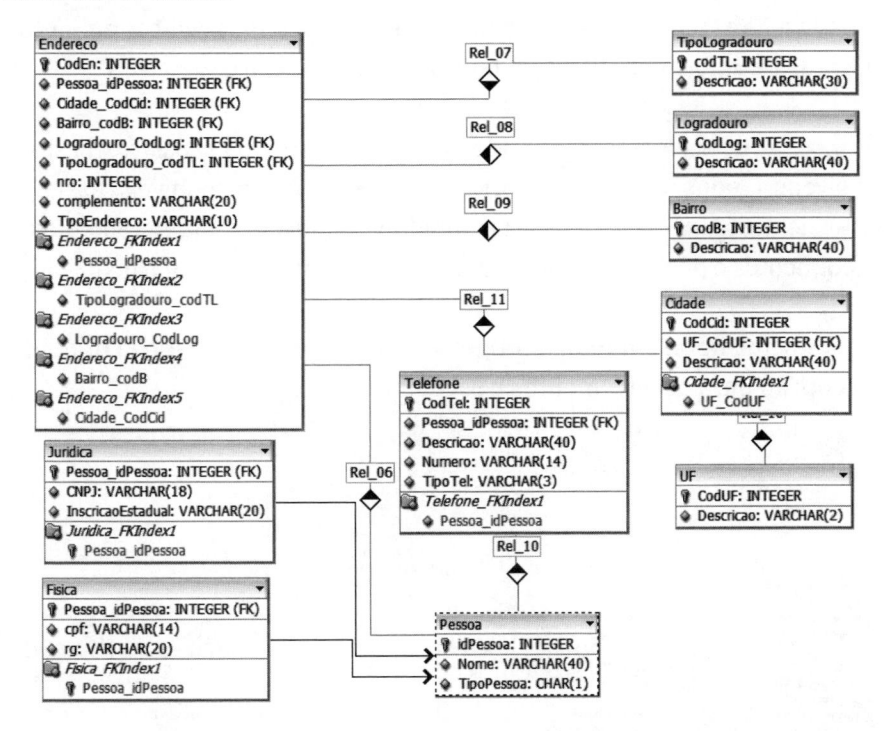

Figura 115 - Modelo de Dados Pessoa com Endereços e Telefones

O próximo passo é verificar se o modelo de dados da figura 115 se encontra na 2FN (Segunda Forma Normal). Na figura 115, percebemos que não existem tabelas com chave primária composta. Logo, elas estão na 2FN.

Após a verificação de que o modelo de dados está normalizado de acordo com a 2FN, iremos verificar se o modelo de dados da figura 115 encontra-se na 3FN (Terceira Forma Normal). Percebemos que o modelo de dados da figura 115 está na 3FN uma vez que, em todas as tabelas, todos os atributos não chave dependem da chave primária.

Neste exercício, iremos abrir mão das outras formas normais: BCNF (Forma Normal de Boyce Codd), da 4FN (Quarta Forma Normal) e da 5FN (Quinta Forma Normal). Isto pode ocorrer sem prejuízo para este modelo de dados, pois não verificamos dependências funcionais cíclicas ou multivaloradas, conforme definições destas formas normais.

No modelo de dados da figura 115, verificamos que os cadastros básicos envolvendo todos os clientes e fornecedores estariam disponíveis. Assim, a partir de agora, necessitamos criar o modelo de dados para pagamentos e recebimentos e posteriormente, verificar se este modelo está normalizado.

Desta forma, apresentamos na figura 116 o modelo de dados contendo uma opção para os pagamentos e recebimentos.

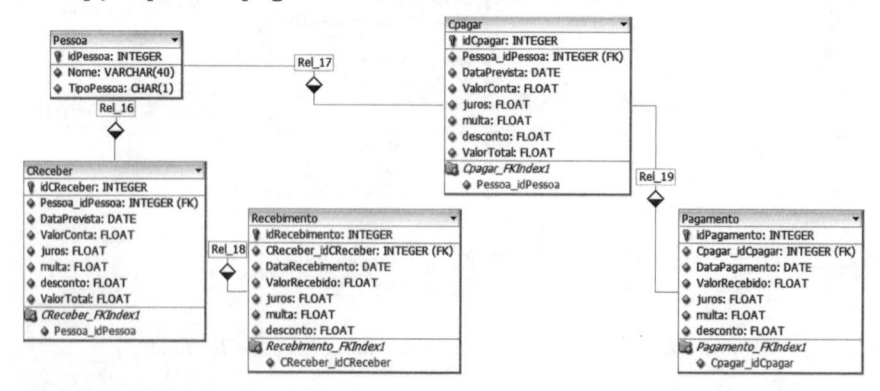

Figura 116 - Modelo de Dados Pagamentos e Recebimentos

Nesta opção de modelo de dados para pagamentos e recebimentos, foi criada uma tabela para contas a pagar (CPagar). Nela seria armazenado todas as contas a pagar que a pessoa tem. Perceba que, neste caso, não contemplamos as compras para gerar uma conta a pagar por não ser o objetivo principal do escopo deste exercício. Assim, caso uma compra tenha sido efetuada parcelada, cada parcela seria uma conta a pagar e seria registrada na tabela CPagar. Desta forma, após o registro da conta a pagar, pode-se registrar o pagamento (Tabela Pagamento) para a referida conta. Isto também ocorre para o recebimento (Tabela CReceber e Recebimento).

A partir do modelo de dados da figura 116, precisaremos verificar se o referido modelo está normalizado. Percebemos que ele se encontra na primeira forma normal (1FN), pois não existem atributos multivalorados ou compostos. Também percebemos que está na segunda forma normal (2FN), pois não existem tabelas com chave primária composta. Verificamos também que está na terceira forma normal (3FN), pois todos os atributos de todas as tabelas dependem da chave primária.

Assim, a partir dos modelos de dados normalizados das figuras 115 e 116, apresentamos na figura 117, o modelo de dados final normalizado contendo tabelas para contas a pagar e receber.

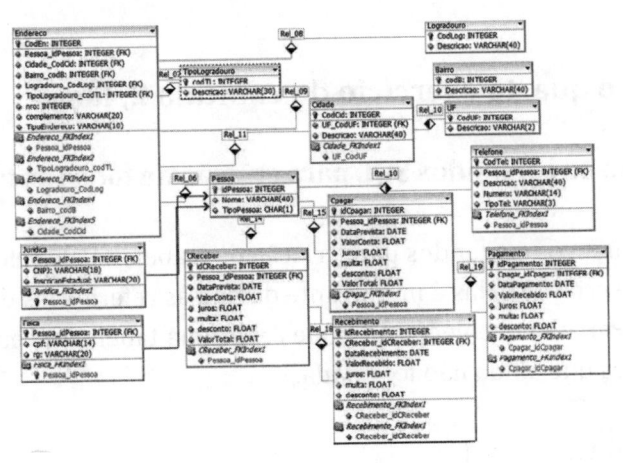

Figura 117 - Modelo de Dados Final para Pagamentos e Recebimentos

Capítulo 3

1. Crie um banco de dados com nome de Primeiro Exercicio.

CREATE DATABASE PrimeiroExercicio;

2. Crie um banco de dados com nome de SegundoExercicio.

CREATE DATABASE SegundoExercicio;

3. Remova o banco de dados criado com o nome de SegundoExercicio.

DROP DATABASE SegundoExercicio;

Capítulo 4

1. Crie um banco de dados com o nome de capitulo4

CREATE DATABASE capitulo4;

2. Dado o quarto exercício do capítulo 2, faça:

a. Escreva os comandos SQL para criação de todas as tabelas

Abaixo seguem os comandos para criação das tabelas. Vale relembrar que a ordem de criação delas é importante devido às referências de chave estrangeira. Perceba que você não pode criar uma tabela que está referenciando outra que ainda não foi criada.

CREATE TABLE pessoa (

```
idpessoa integer PRIMARY KEY,
nome varchar(40),
tipopessoa char(1));

CREATE TABLE juridica (
pessoa_idpessoa integer primary key,
cnpj varchar(18),
inscricaoestadual varchar(20),
FOREIGN KEY (pessoa_idpessoa) REFERENCES pessoa(idpessoa));

CREATE TABLE fisica (
pessoa_idpessoa integer primary key,
cpf varchar(14),
rg varchar(20),
FOREIGN KEY (pessoa_idpessoa) REFERENCES pessoa (idpessoa));

CREATE TABLE logradouro (
codlog integer primary key,
descricao varchar(40));

CREATE TABLE tipologradouro(
codti integer primary key,
descricao varchar(30));

CREATE TABLE bairro (
codb integer primary key,
descricao varchar(40));

CREATE TABLE uf(
coduf integer primary key,
descricao varchar(2));

CREATE TABLE cidade (
codcid integer primary key,
```

```
descricao varchar(40),
uf_coduf integer,
FOREIGN KEY (uf_coduf) REFERENCES uf(coduf));

CREATE TABLE endereco (
coden integer primary key,
pessoa_idpessoa integer,
cidade_codcid integer,
bairro_codb integer,
logradouro_codlog integer,
tipologradouro_codti integer,
nro integer,
complemento varchar(20),
tipoendereco varchar(10),
FOREIGN KEY (pessoa_idpessoa) REFERENCES pessoa(idpessoa),
FOREIGN KEY (cidade_codcid) REFERENCES cidade(codcid),
FOREIGN KEY (bairro_codb) REFERENCES bairro(codb),
FOREIGN KEY (logradouro_codlog) REFERENCES logradouro(codlog),
FOREIGN KEY (tipologradouro_codti) REFERENCES
tipologradouro(codti));

CREATE TABLE TELEFONE(
codtel integer primary key,
pessoa_idpessoa integer,
descricao varchar(40),
numero varchar(14),
tipotel varchar(3),
FOREIGN KEY (pessoa_idpessoa) REFERENCES pessoa(idpessoa));

CREATE TABLE cpagar(
idpagar integer primary key,
pessoa_idpessoa integer,
dataprevista date,
valorconta float,
```

```
juros float,
multa float,
desconto float,
valortotal float,
FOREIGN KEY (pessoa_idpessoa) REFERENCES pessoa(idpessoa));

CREATE TABLE pagamento (
idpagamento integer primary key,
cpagar_idpagar integer,
datapagamento date,
valorrecebido float,
juros float,
multa float,
desconto float,
FOREIGN KEY (cpagar_idpagar) REFERENCES cpagar(idpagar));

CREATE TABLE creceber(
idcreceber integer primary key,
pessoa_idpessoa integer,
dataprevista date,
valorconta float,
juros float,
multa float,
desconto float,
valortotal float,
FOREIGN KEY (pessoa_idpessoa) REFERENCES pessoa(idpessoa));

CREATE TABLE recebimento(
idrecebimento integer primary key,
creceber_idcreceber integer,
datarecebimento date,
valorrecebido float,
juros float,
```

multa float,
desconto float,
FOREIGN KEY (creceber_idcreceber) REFERENCES creceber(idcreceber));

b. Escreva pelo menos um comando para alterar o nome de uma tabela

ALTER TABLE pessoa
RENAME TO pessoa_fisica_juridica;

c. Escreva pelo menos um comando SQL para alterar o tipo de dados de um determinado atributo em uma tabela.

ALTER TABLE pessoa_fisica_juridica
ALTER COLUMN tipopessoa TYPE varchar(1);

d. Escreva pelo menos um comando SQL para inserir um atributo em uma tabela.

ALTER TABLE pessoa_fisica_juridica
ADD descricao varchar(30);

e. Escreva o comando SQL para remover o atributo que você adicionou na letra d.

ALTER TABLE pessoa_fisica_juridica
DROP descricao;

f. Escreva o comando SQL para criar uma tabela com nome teste no referido banco de dados com pelo menos 4 atributos

CREATE TABLE teste(
idteste integer primary key,
teste1 integer,

teste2 integer,
teste3 integer);

g. **Escreva o comando SQL para remover a tabela teste que você criou.**

DROP TABLE teste;

Capítulo 5

1. Inserir pelo menos um registro em uma das tabelas

INSERT INTO uf VALUES(1,'MG');

2. Alterar pelo menos um registro de determinada tabela

UPDATE uf
SET descricao = 'SP'
WHERE coduf = 1;

3. Remover pelo menos um registro de uma determinada tabela.

DELETE
FROM uf
WHERE coduf = 1;

Capítulo 6

1. Selecionar o nome e endereço das pessoas cadastradas.

SELECT nome, tipologradouro.descricao, logradouro.descricao, nro, complemento, bairro.descricao, cidade.descricao, uf.descricao, tipoendereco

FROM pessoa_fisica_juridica, endereco, tipologradouro, logradouro, cida-
de, bairro, uf
WHERE pessoa_fisica_juridica.idpessoa = endereco.pessoa_idpessoa
AND tipologradouro.codti = endereco.tipologradouro_codti
AND logradouro.codlog = endereco.logradouro_codlog
AND bairro.codb = endereco.bairro_codb
AND cidade.codcid = endereco.cidade_codcid
AND uf.coduf = cidade.uf_coduf;

2. Selecionar o nome das pessoas que residem no estado de MG

SELECT nome
FROM pessoa_fisica_juridica, endereco, cidade, uf
WHERE pessoa_fisica_juridica.idpessoa = endereco.pessoa_idpessoa
AND cidade.codcid = endereco.cidade_codcid
AND uf.coduf = cidade.uf_coduf;

3. Selecionar as contas a pagar com data prevista de pagamento maior que 01/02/2013.

SELECT *
FROM cpagar
where dataprevista > '01/02/2013'

4. Selecionar o nome e CPF das pessoas físicas

SELECT nome, cpf
FROM pessoa_fisica_juridica, fisica
WHERE pessoa_fisica_juridica.idpessoa = fisica.pessoa_idpessoa

Capítulo 7

1. Selecionar a maior valor de uma conta a pagar em 2013

SELECT MAX(valorconta)
FROM CPAGAR
WHERE DATAPREVISTA BETWEEN '01/01/20131 AND '31/12/2013'

2. Selecionar o menor valor de uma conta a pagar em 2013

SELECT MIN(valorconta)
FROM CPAGAR
WHERE DATAPREVISTA BETWEEN '01/01/20131 AND '31/12/2013'

3. Selecionar o valor médio das contas pagas em 2013

SELECT AVG(valorconta)
FROM CPAGAR
WHERE DATAPREVISTA BETWEEN '01/01/20131 AND '31/12/2013'

4. Selecionar a soma dos valores das contas a pagar em 2013

SELECT SUM(valorconta)
FROM CPAGAR
WHERE DATAPREVISTA BETWEEN '01/01/2013'AND '31/12/2013'

5. Selecionar os logradouros distintos cadastrados

SELECT DISTINCT(descrição)
FROM logradouro

6. Selecionar a quantidade de títulos a pagar no ano de 2013

```
SELECT COUNT(idcpagar)
FROM CPAGAR
WHERE DATAPREVISTA BETWEEN '01/01/2013' AND '31/12/2013'
```

Capítulo 8

1. Selecionar a quantidade de pessoas físicas e jurídicas cadastradas

```
SELECT tipopessoa, count(idpessoa)
FROM pessoa_fisica_juridica
GROUP BY tipopessoa
```

2. Selecionar a soma dos recebimentos de juros agrupados por data em ordem decrescente de data.

```
SELECT datarecebimento, SUM(juros)
FROM recebimento
GROUP BY datarecebimento
ORDER BY datarecebimento DESC
```

3. Selecionar a quantidade de contas a pagar no ano de 2013 por pessoa, agrupadas por nome da pessoa, desde que se tenha mais que cinco contas a pagar.

```
SELECT nome, COUNT(cpagar)
FROM pessoa_fisica_juridica, cpagar
WHERE pessoa_fisica_juridica.idpessoa = cpagar.pessoa_idpessoa
AND dataprevista BETWEEN '01/01/2013' AND '31/12/2013'
GROUP BY nome
HAVING COUNT(cpagar) > 5
```

4. Selecionar o nome da pessoa que pagou a conta com maior valor em 2013

SELECT nome
FROM pessoa_fisica_juridica, cpagar
WHERE pessoa_fisica_juridica.idpessoa = cpagar.pessoa_idpessoa
AND valorconta = (SELECT MAX(valorconta)
      FROM cpagar
      WHERE dataprevista BETWEEN '01/01/2013' AND '31/12/2013')

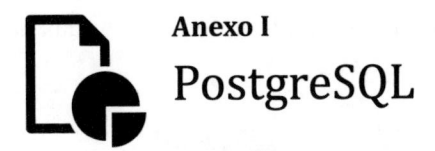

Anexo I

PostgreSQL

Inicialmente, você deve efetuar o download do software PostgreSQL em http://www.postgresql.org/download/windows/

Posteriormente, execute o arquivo postgresql-9.2.3-1-windows. Após executar o arquivo, aparece a tela de reparação do Visual C++ 2010 para x86, como um pré-requisito para a utilização do PostgreSQL. Esta execução será automática, assim como a correção, conforme figura 118.

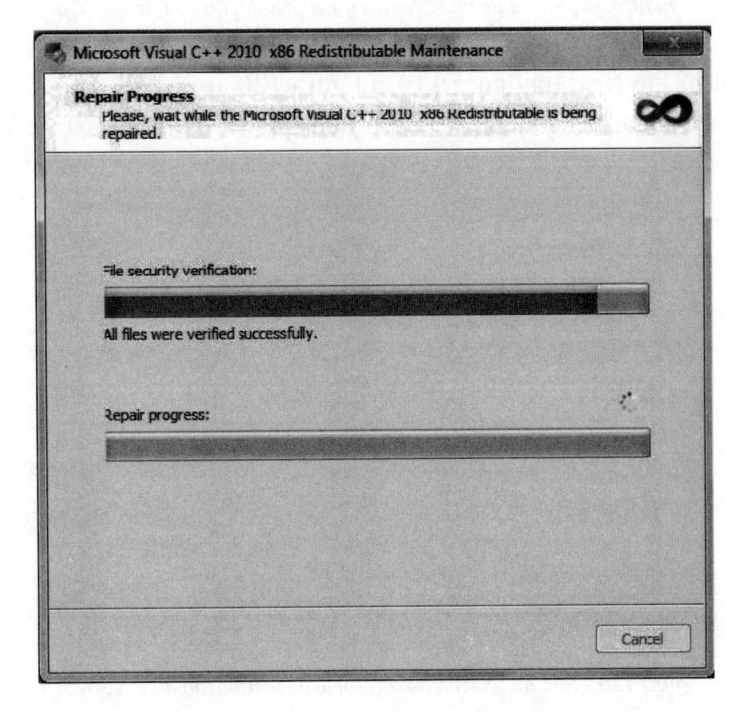

Figura 118 - Tela de reparação Microsoft Visual C++ 2010 x86

Posteriormente, aparece a figura 119, que é uma tela de boas vindas ao PostgreSQL. Para avançar, basta clicar em Next.

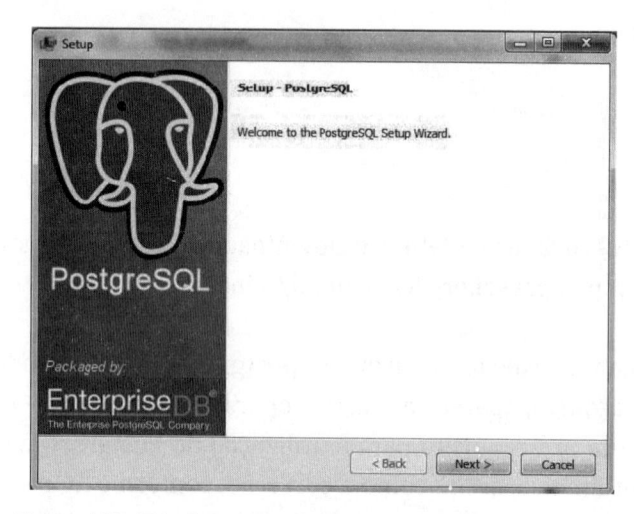

Figura 119 - Tela de boas vindas para instalação do PostgreSQL

Após clicar em Next na figura 119, a figura 120 aparece e nela você pode escolher o local de instalação. Caso não queira alterar, basta clicar em Next.

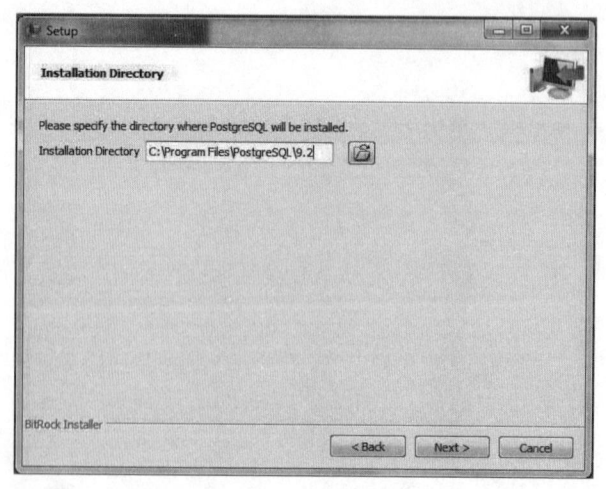

Figura 120 - Tela de seleção do diretório de instalação do PostgreSQL

Após clicar em Next na figura 120, aparece a figura 121, para que você possa escolher o diretório onde serão armazenados os dados. Caso não queira realizar nenhuma alteração, basta selecionar a opção Next.

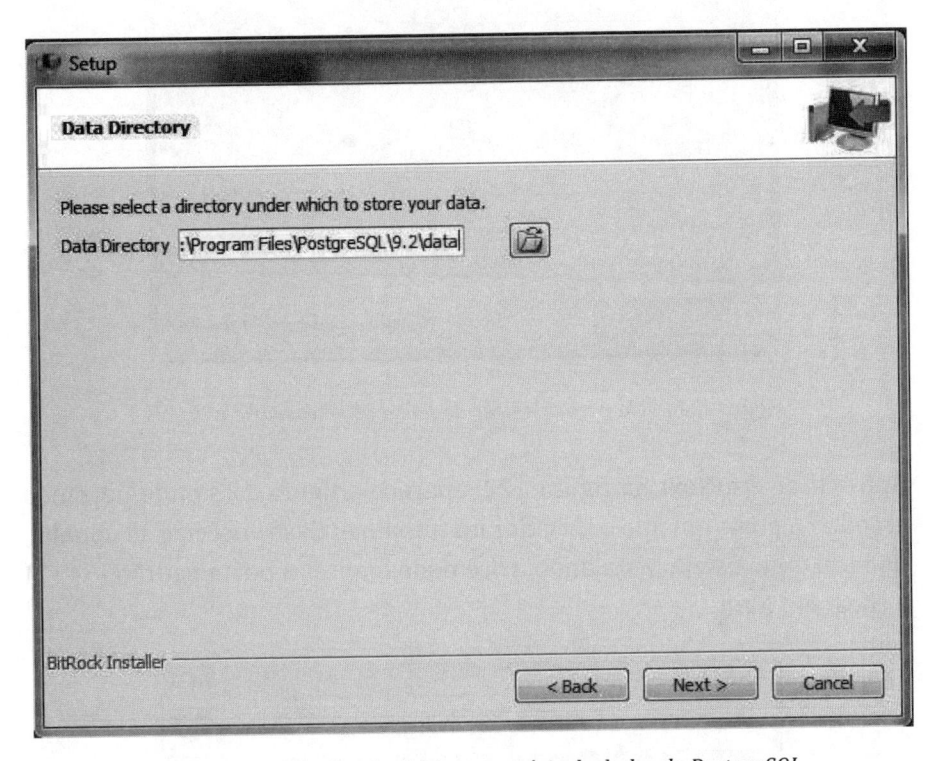

Figura 121 - Tela de seleção do repositório de dados do PostgreSQL

Após clicar em Next na figura 121, aparece a figura 122 para você escolher a senha e redigitar a senha para o usuário padrão postgres. Para fins de utilização deste livro e dar sequência no auxílio na instalação, também vou digitar como senha a palavra postgres. Porém, fique atento a esta senha, pois ela é quem definirá a segurança de seu sistema gerenciador de bancos de dados.

Após digitar e repetir a senha, basta clicar na opção Next.

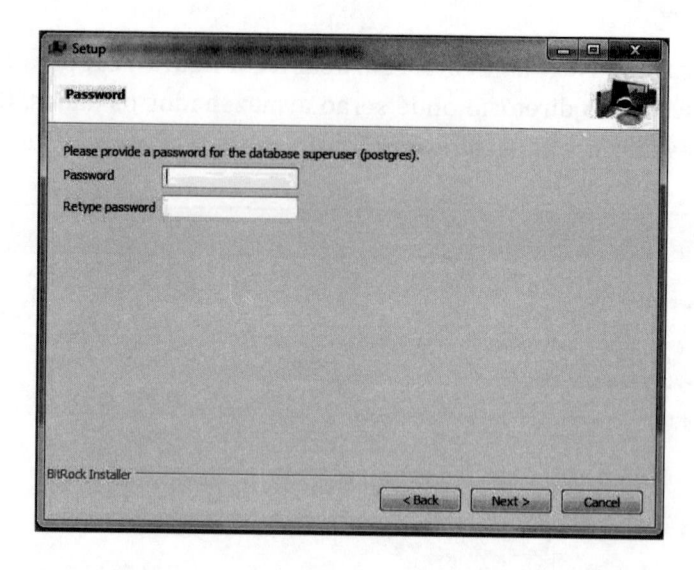

Figura 122 - Tela para definição de senha para o usuário postgres

Após clicar em Next na figura 122, aparece a figura 123 onde devemos escolher a porta em que o servidor irá trabalhar. Caso você não se oponha, no local onde esteja instalando, você pode manter a porta padrão (5432) e clicar em Next.

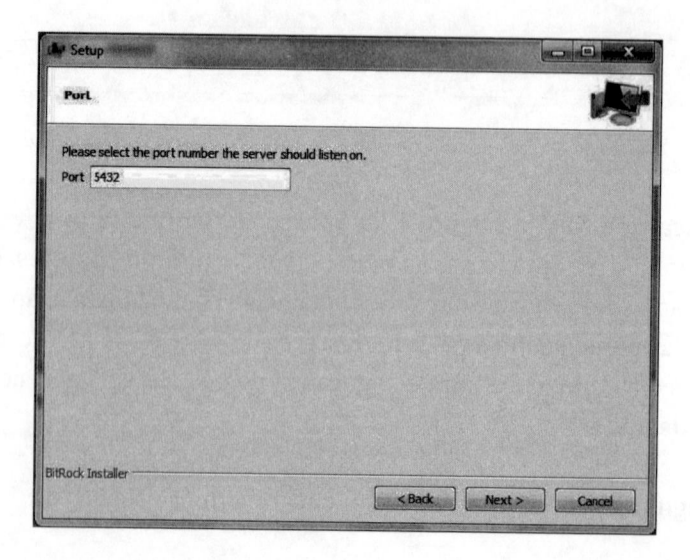

Figura 123 - Tela para escolha da porta para o PostgreSQL

Após clicar em Next na figura 123, aparece a figura 124, com opções avançadas para você escolher o local onde será instalado o banco de dados. Repare que escolhemos Português, Brazil. Após isto, basta clicar em Next.

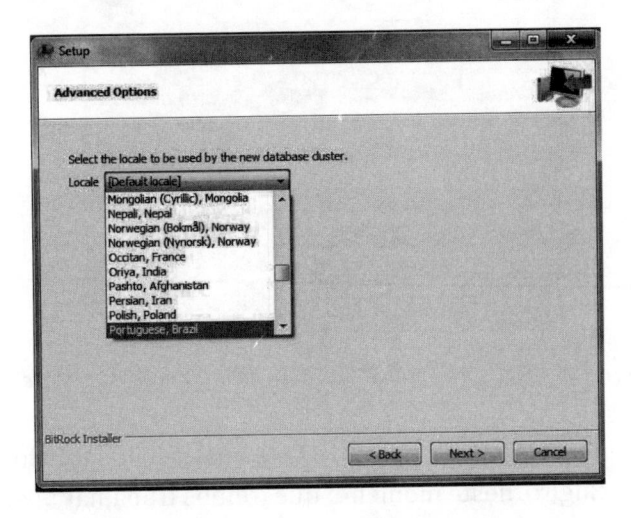

Figura 124 - Tela para escolha do local do novo banco de dados do PostgreSQL

Após clicar em Next na figura 124, aparece a imagem 125 informando que o PostgreSQL já está pronto para ser instalado, bastando você clicar em Next.

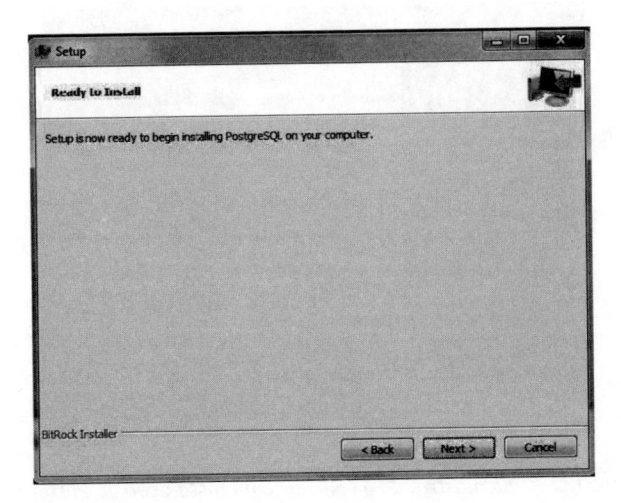

Figura 125 - Tela informativa que o PostgreSQL está pronto para ser instalado

Após clicar em Next na figura 125 a instalação é iniciada conforme figura 126.

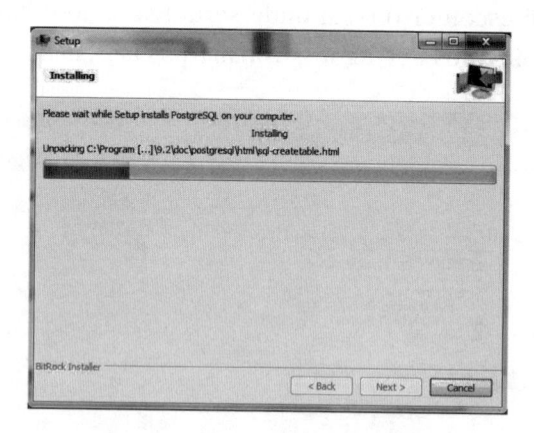

Figura 126 - Tela apresentando o avanço da instalação do PostgreSQL

Posteriormente, aparecerá a figura 127, na qual a instalação foi concluída com sucesso. Sugiro, neste momento que iremos trabalhar apenas com as opções básicas, que você desmarque o check Box para download de ferramentas adicionais. Neste momento elas não serão necessárias.

E para concluir a instalação, basta clicar em Finish.

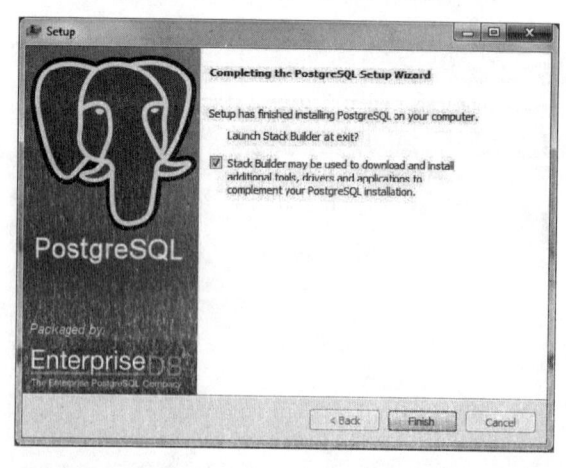

Figura 127 - Tela mostrando a conclusão da instalação do PostgreSQL

Para iniciar o PostgreSQL, selecione a opção de menu PGAdmin III, que aparecerá a figura 128.

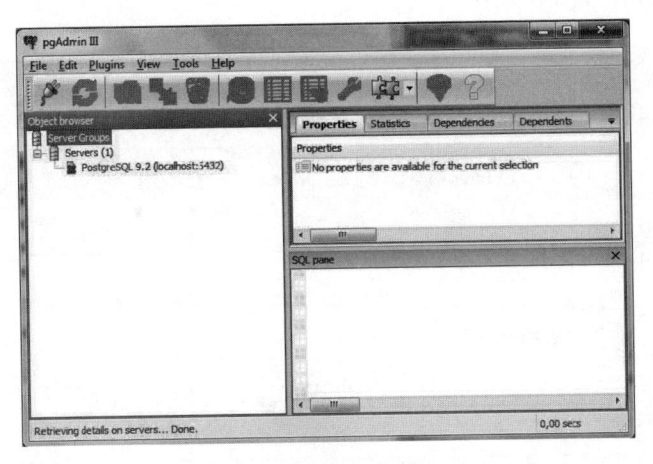

Figura 128 - Programa PGAdmin III

Para iniciar as atividades no PostgreSQl, inicialmente você deve fazer login utilizando o usuário postgres e a senha que você definiu no momento da instalação. Para isto, basta dar um duplo clique na opção selecionada em vermelho na figura 129.

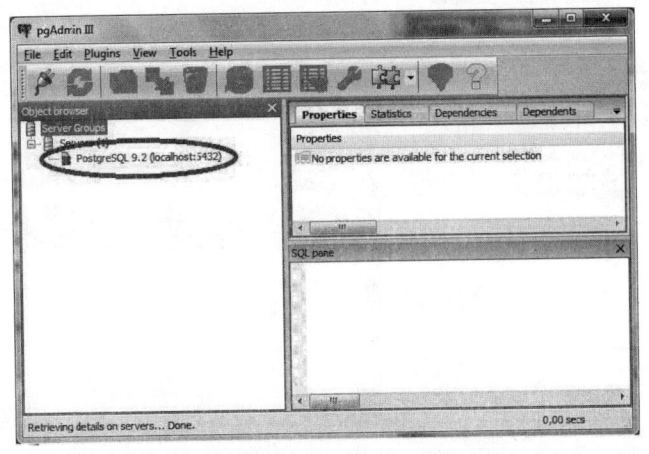

Figura 129 - Conexão com o servidor do PostgreSQL

Após dar um duplo clique na opção em vermelho da figura 129, aparecerá a tela para você digitar a senha para se conectar no servidor do PosgreSQL, conforme figura 130.

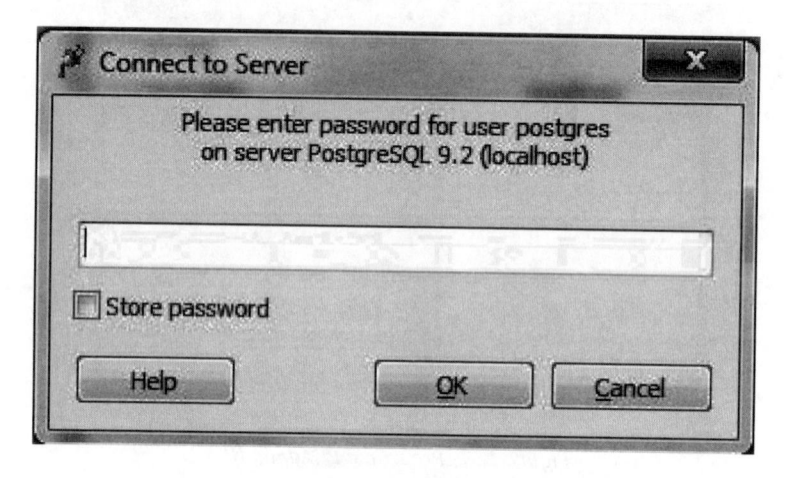

Figura 130 - Digitação da senha do usuário postgres

Digite sua senha na figura 130, clique em OK e a figura 131 aparecerá.

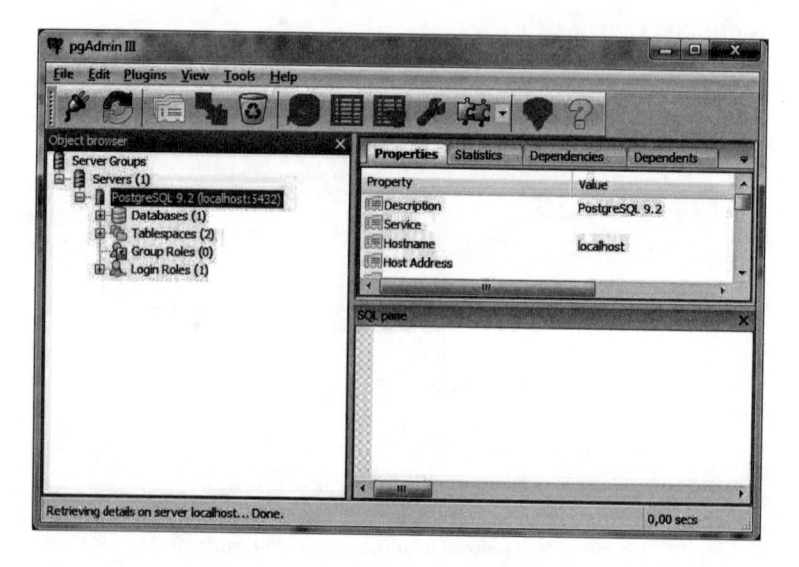

Figura 131 - Servidor PostgreSQL conectado

Posteriormente, você deve clicar na opção + em Databases, na figura 131 e a figura 132 aparecerá.

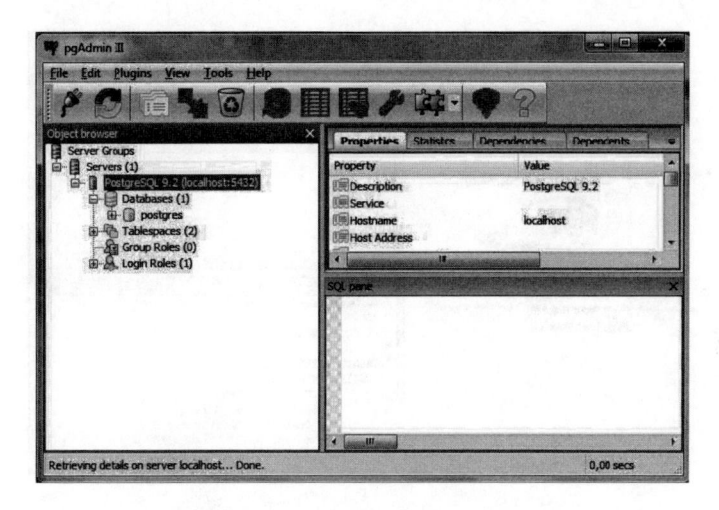

Figura 132 - Expansão dos bancos de dados do servidor PostgreSQL

Da mesma forma, clique na opção + em postgres na figura 132, que aparecerá a figura 133.

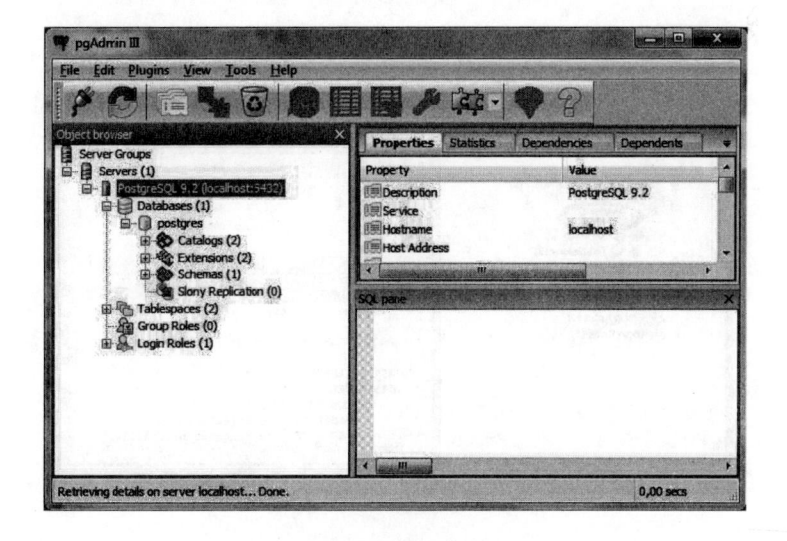

Figura 133 - Expansão do postgres

Posteriormente, na figura 133, selecione a opção postgres, que está marcada em vermelho na figura 134.

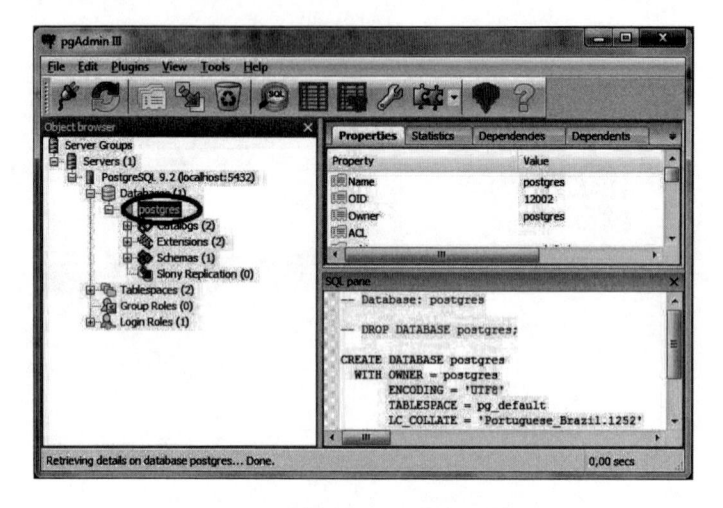

Figura 134 - Seleção do Postgres

Após selecionar a opção postgres na figura 134, clique na opção selecionada em vermelho com a palavra SQL, conforme figura 135.

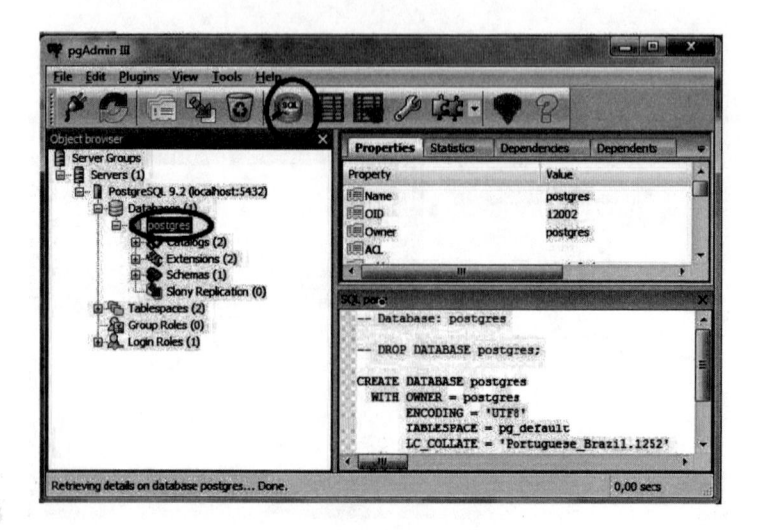

Figura 135 - Seleção da opção SQL para abertura do Query Editor

Após clicar na opção selecionada na figura 135 com a palavra SQL, a figura 136 (Query Editor) do PostgreSQL aparecerá. Nesta tela, você irá escrever todos os comandos SQL de seu interesse e que serão apresentados neste livro.

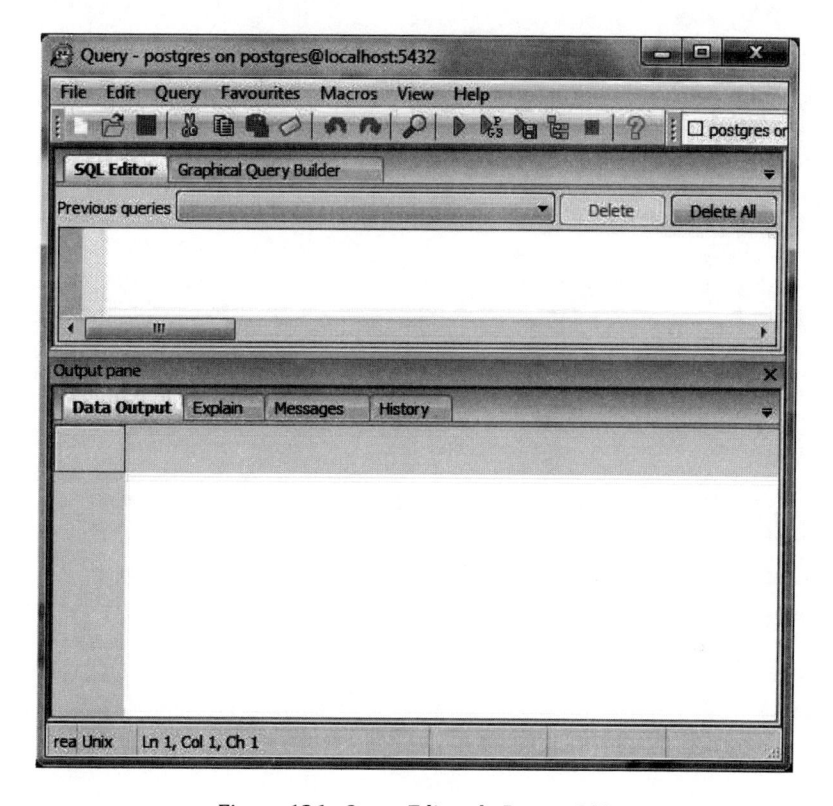

Figura 136 - Query Editor do PostgreSQL

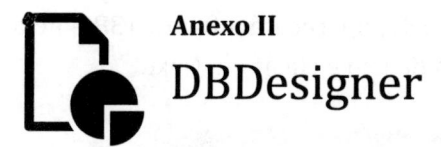

Anexo II

DBDesigner

Inicialmente, você deve efetuar o download do software DBDesigner em http://www.fabforce.net/dbdesigner4/

Posteriormente, execute o arquivo DBDesigner4.0.5.6_Setup. Após executar o arquivo, aparece a tela de boas vindas conforme figura 137, que você deve escolher um dos idiomas para a aplicação e posteriormente clicar em Next.

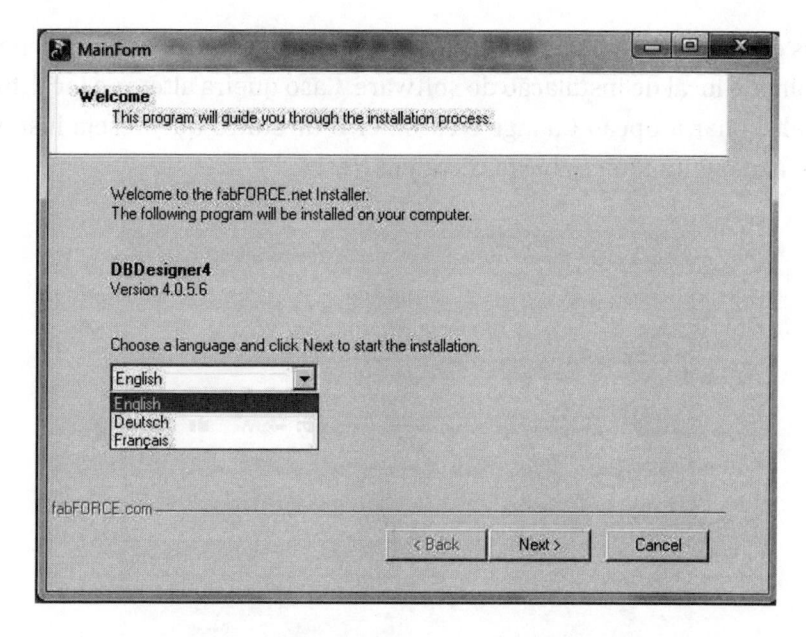

Figura 137 - Tela de boas vindas da instalação do DBDesigner e escolha do idioma

Após clicar em Next na tela da figura 137, aparecerá a figura 138 e nela você deve aceitar os termos de licença de uso e clicar em Next.

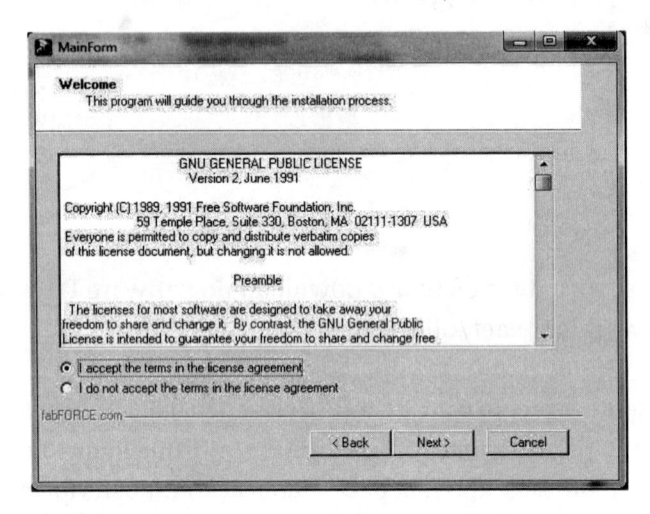

Figura 138 - Tela para aceitar os termos da licença de uso do DBDesigner

Após clicar em Next na figura 138, aparecerá a figura 139 onde você pode escolher o local de instalação do software. Caso queira alterar o local, basca selecionar a opção Change e escolher o diretório que deseja instalar. Caso não queira alterar, basta clicar em Next.

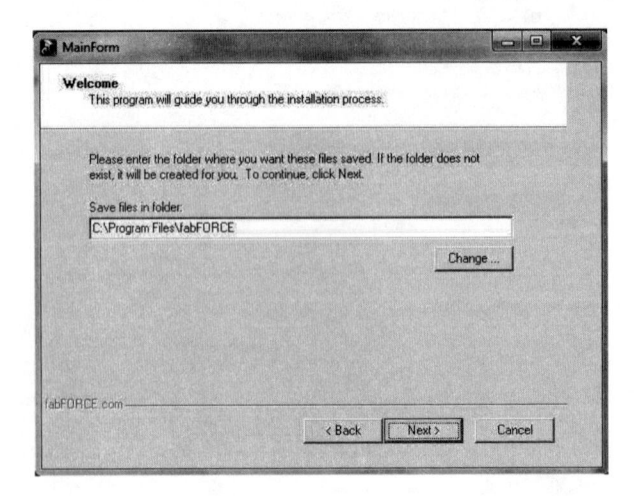

Figura 139 - Tela para escolha do local a ser instalado o DBDesigner

Após clicar em Next na figura 139, aparece a figura 140, onde você pode escolher as *features* a serem instaladas. Caso queira alterar alguma delas, basta retirar a seleção nos respectivos *checkbox*. Caso não queira, basta clicar em Next.

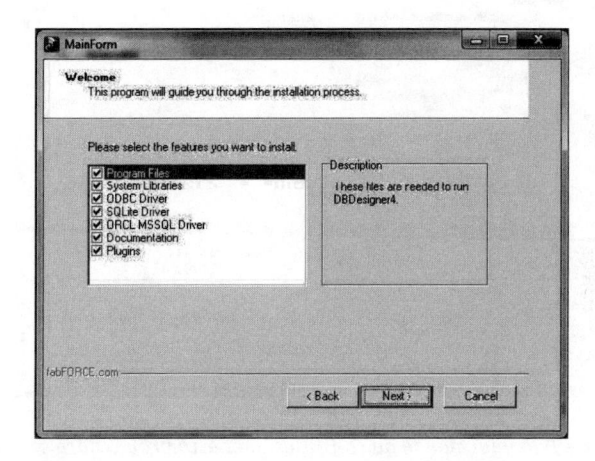

Figura 140 - Tela para escolha das features a serem instaladas do DBDesigner

Após clicar em Next na figura 140, aparece a figura 141, onde você pode criar um atalho no desktop, incluir o programa no menu iniciar e criar configurações pessoais para cada usuário do computador. Após fazer suas escolhas, basta clicar em Next.

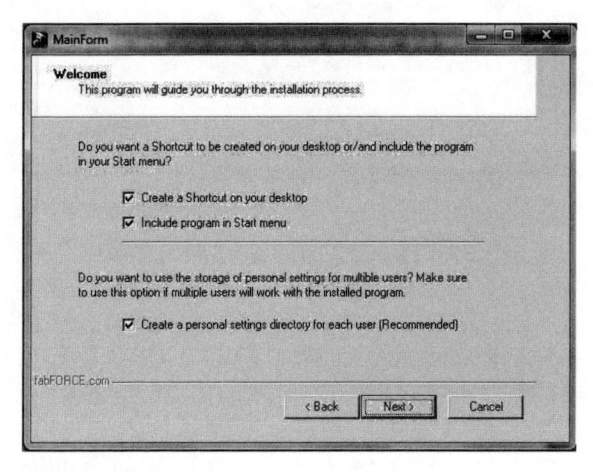

Figura 141 - Tela com opções de criação de ícones do DBDesigner

Após clicar em Next na figura 141, aparece a figura 142 informando que você está pronto para instalar o software.

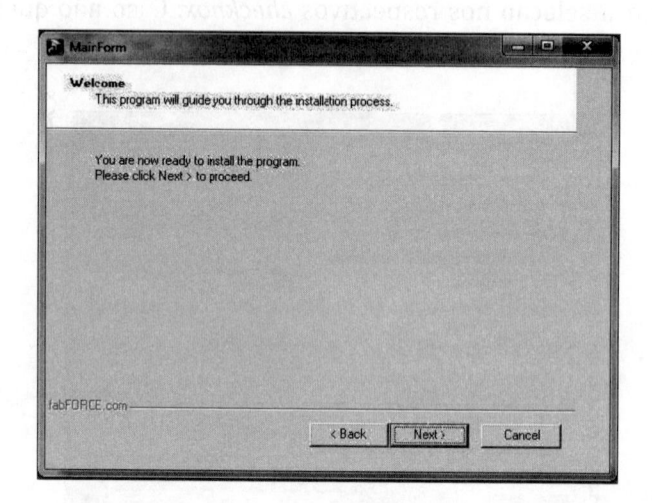

Figura 142 - Tela informando que o DBDesigner está pronto para ser instalado

Para prosseguir, basta clicar em Next na figura 142 para que a instalação seja iniciada, conforme figura 143.

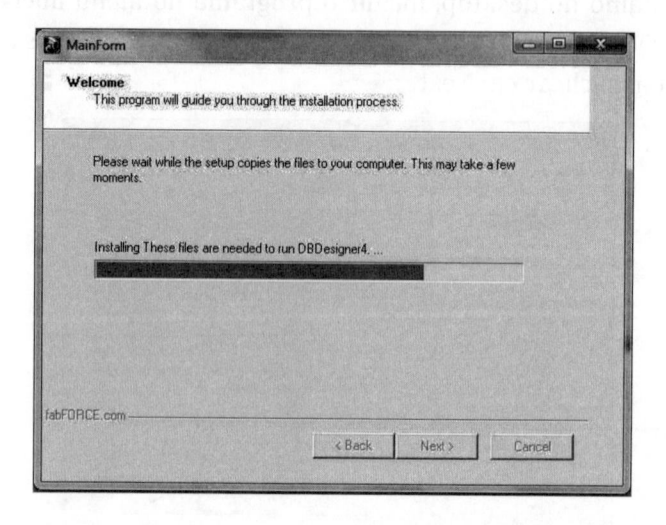

Figura 143 - Tela apresentando o avanço da instalação do DBDesigner

Após o término da instalação, aparece a figura 144 informando que o DB-Designer foi instalado corretamente e está pronto para ser utilizado. Para concluir a instalação, basta clicar em Finish.

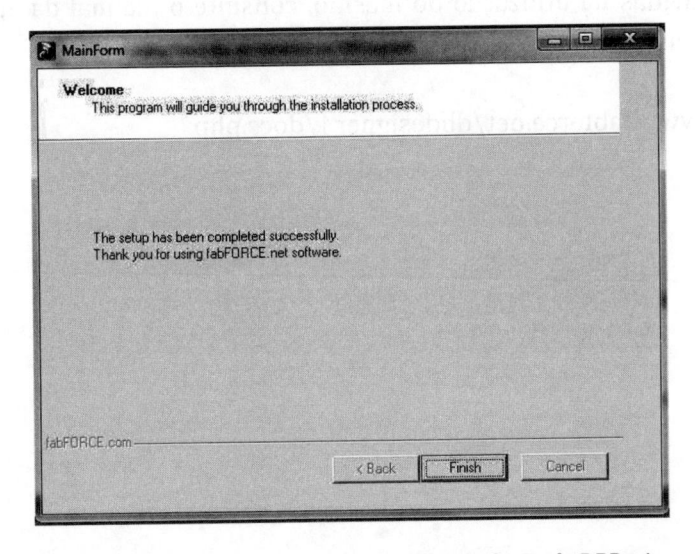

Figura 144 - Tela mostrando a conclusão da instalação do DBDesigner

Para iniciar a aplicação, basta selecionar o ícone criado na área de trabalho ou no menu iniciar (DBDesigner 4), que aparecerá a figura 145.

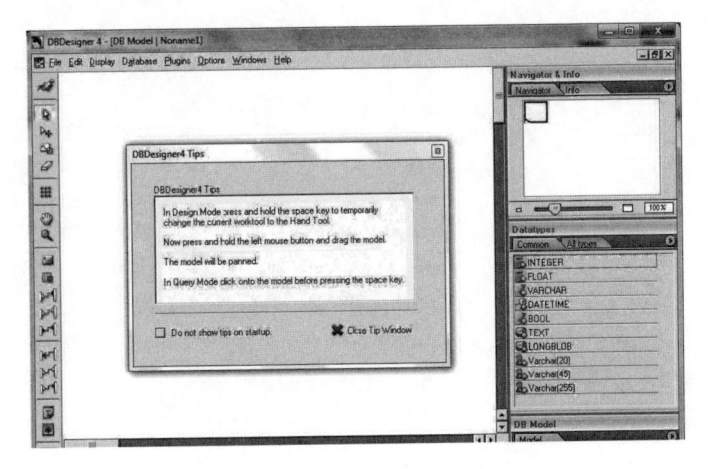

Figura 145 - Tela inicial do DBDesigner

Quando a aplicação que aparece na figura 145, o software já está pronto para ser utilizado. Para criar as tabelas, basta selecionar a opção no menu lateral à esquerda, assim como os relacionamentos entre as tabelas. Caso tenha dúvidas na utilização do mesmo, consulte o manual da aplicação disponível em:

http://www.fabforce.net/dbdesigner4/docs.php

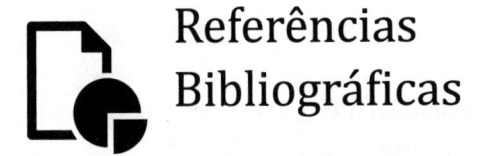

Referências Bibliográficas

AZEVEDO, Hélio Ricardo T. de; SOUZA, Sanderson Pereira S. de; MARTINS, Fábio Renato S.. Sistemas para diagnóstico automático de falhas: Dificuldades e soluções para obtenção de resultados. Trabalho apresentado no XX .Congresso Brasileiro de Manutenção. Belo Horizonte, 2005.

BOWMAN, J., EMERSON, S. and DARNOVSKY, M. The Practical SQL Handbook: Using SQL Variants, Fourth Edition, Addison-Wesley Professional, 2001.

COSTA, Rogério Luís de C. SQL: Guia Prático – Rio de Janeiro: Brasport, 2006

CODD, E. F. "A Relational Model of Data for Large Shared Data Banks", ACM Journal, pgs 377-387, 1970

DATE, C. J. and DARWEN, H. A Guide to the SQL Standard: A user's guide to the standard database language SQL, Fourth Edition, Addison-Wesley, 1997.

DATE, C.J. Introdução a Sistemas de Bancos de Dados, Rio de Janeiro: Editora Campus, 2004.

DAMAS, Luís. SQL, Structured Query Language – Rio de Janeiro: LTC, 2007.

ELMASRI, Ramez and NOVATHE, Shamkant, Fundamentals of Database

Systems, Fourth Edition, Addison-Wesley, ISBN 0-321-12226-7, 2003.

FAGIN, Ronald, A Normal Form for Relational Databases that is Based on Domains and Keys, Communications of the ACM, vol 6, pp.387-415

FERREIRA, Aurélio Buarque de Holanda. Dicionário Aurélio Básico da Língua Portuguesa. Rio de Janeiro: Nova Fronteira, 2000)

HARRINGTON, J. L. Projetos de Bancos de Dados Relacionais, Rio de Janeiro: Editora Campus, 2002.

LAUDON, K. C.; LAUDON, J. P. Sistemas de Informações Gerenciais. São Paulo: Prentice Hall, 5 ed., 2004.

Manual PostgreSQL, disponível em http://www.postgresql.org.br/docs

Manutal DBDesigner, disponível em http://www.fabforce.net/dbdesigner4/

MELTON J. and SIMON, A. R. Understanding the New SQL: A complete guide, Morgan Kaufmann, 1993.

MONTEIRO, Emiliano Soares. Projeto de Sistemas e Bancos de Dados – Rio de Janeiro: Brasport, 2004

MULLER, Robert J. Projeto de Banco de Dados, São Paulo: Editora Berkeley, 2002.

O'BRIEN, James A. Sistemas de Informação e as Decisões Gerenciais na era da Internet.9ª Edição. São Paulo: Saraiva, 2004

OLIVEIRA, Djalma de Pinho Rebouças. Sistemas de Informações Gerenciais. São Paulo: Editora Atlas, 2009

PEREIRA NETO, Álvaro. PostgreSQL: Técnicas Avançadas – São Paulo: Érica, 2003

RAMAKRISHNAN, R,; GEHRKE, J. Database Management Systems, Mc-Graw-Hill, 2002.

ROCHA JÚNIOR, Ary dos Santos, Normalização de Dados, SQL Magazine nro 47, Ano 4, Devmedia, outubro 2007.

ROCHA JÚNIOR, Ary dos Santos, Introdução a SQL (Structured Query Language) – Parte 1, SQL Magazine nro 54, Ano5, Devmedia, junho 2008.

ROCHA JÚNIOR, Ary dos Santos, Introdução a SQL (Structured Query Language) – Parte 2, SQL Magazine nro 55, Ano5, Devmedia, junho 2008.

ROCHA JÚNIOR, Ary dos Santos, Introdução a SQL (Structured Query Language) – Parte 3, SQL Magazine nro 56, Ano5, Devmedia, junho 2008.

ROCHA JÚNIOR, Ary dos Santos, Estudo de Caso de Projeto de Bancos de Dados para Contas a Pagar e Receber, SQL Magazine nro 52, Ano5, Devmedia, maio 2008.

ROCHA JÚNIOR, Ary dos Santos, Estudo de Caso de Projeto de Bancos de Dados, SQL Magazine nro 50, Ano5, Devmedia, março 2008.

ROSINI, Alessandro Marco; PALMISANO, Ângelo. Administração de sistemas de informação e a gestão do conhecimento. São Paulo: Pioneira. 2003.

SETZER, V.W. *Os Meios Eletrônicos e a Educação: Uma Visão alternativa.* São Paulo: Editora Escrituras, Coleção Ensaios Transversais Vol. 10, 2001.

SILBERSCHATZ, Abraham; KORTH, Henry F e SUDASHAM, S. Sistema de Banco de Dados. São Paulo: Makron Books, 1999.

SOUZA, Marco Aurélio de. SQL, PL/SQL, SQL*PLUS: manual de referência completo e objetivo. Rio de Janeiro: Editora Ciência Moderna, 2004

STAIR, Ralph M.; REYNOLDS, George W. Princípios de Sistemas de Informação. Thompson, 2004.

ULLMAN, J. D. Principles of Database and Knowledge: Base Systems, Volume 1, Computer Science Press, 1988.

SQL Avançado e Teoria Relacional

Autor: Thiago Hernandes de Souza
168 páginas
1ª edição - 2013
Formato: 16 x 23
ISBN: 978-85-399-0428-0

A linguagem SQL(Structured Query Language) é uma linguagem padrão adotada pelos órgãos internacionais para o desenvolvimento de banco de dados relacional. Está relacionada diretamente aos principais bancos de dados dominantes no mercado tecnológico como: Oracle, PostgreSQL, MySQL, Firebird, dentre outros.

O leitor encontrará na obra uma teoria extremamente objetiva e repleta de exemplos passo a passo, nos quais poderá desenvolver qualquer escopo de banco de dados nos padrões de normalização (Formas Normais) e Entidade-Relacionamento (modo conceitual).

Os bancos de dados abordados serão: o MySQL e o PostgreSQL. Junto desses, escopos e exercícios serão aplicados de forma clara e prática visando o aprendizado conciso e efetivo.

À venda nas melhores livrarias.

Impressão e acabamento
Gráfica da Editora Ciência Moderna Ltda.
Tel: (21) 2201-6662